中韩经典著作互译项目

朝鲜半岛古代陶瓷之美

[韩] 尹龙二 著
李 民 译

江西教育出版社
JIANGXI EDUCATION PUBLISHING HOUSE

·南昌·

Original Title: 우리 옛 도자기의 아름다움
Copyright ©2007 Yun Yong I
All rights reserved.
Original Korean edition published by Dolbegae Inc. Publishers, Seoul, Korea
Simplified Chinese Translation Copyright ©2024 by Jiangxi Education Publishing House Co, Ltd.
This Simplified Chinese Language edition published by arranged with Dolbegae Inc. Publishers through Arui SHIN Agency.

"한-중 고전 저작 상호 번역출판사업"
"中韩经典著作互译项目"

版权合同登记号：14-2024-0097
赣版权登字-02-2024-518
版权所有 侵权必究

图书在版编目（CIP）数据

朝鲜半岛古代陶瓷之美 /(韩)尹龙二著；李民译.
南昌：江西教育出版社, 2025.05. — ISBN 978-7-5705-4583-4
Ⅰ. K883.126.34
中国国家版本馆CIP数据核字第2024YE0356号

朝鲜半岛古代陶瓷之美
CHAOXIAN BANDAO GUDAI TAOCI ZHI MEI

[韩] 尹龙二 著 李 民 译

江西教育出版社出版
（南昌市学府大道299号 邮编：330038）

出 品 人：熊　炽
策划编辑：桂　梅
责任编辑：丁梦琛　罗　京
美术编辑：张　延　朱有幸
封面设计：郭　阳

各地新华书店经销
江西赣版印务有限公司印刷
720毫米×1000毫米　16开本　19.75印张　300千字
2025年5月第1版　2025年5月第1次印刷

ISBN 978-7-5705-4583-4
定价：98.00元

赣教版图书如有印装质量问题，请向我社调换　电话：0791-86710427
总编室电话：0791-86705643　　编辑部电话：0791-86705643
投稿邮箱：JXJYCBS@163.com　　网址：http://www.jxeph.com

作者按

　　古代陶瓷是朝鲜民族文化中具有代表性的文化遗产之一，展现了从史前时代开始，朝鲜民族的生活、文化，也是考古学和美术史领域重要的研究对象。

　　为了适应生活需求，在不同的地域和时代，人们制作了无数不同种类的陶器。现如今，朝鲜半岛各个地区依然留存着当时的陶窑遗址、生活遗迹，以及埋于地下的古墓等。经过调查发掘，目前出土了很多陶器，在各大博物馆展陈。因此，加深对这些陶器的认识和理解十分必要。

　　回顾陶器漫长的历史脉络，简单、拙朴是陶器的基本特征。随着时代的变迁，尽管陶器造型出现了一定的变化，有的饰有华丽的图案，但一直持续到朝鲜王朝后期，陶器整体上体现出拙朴、单一的特色。在色彩方面，无论史前时代，还是高丽时期和朝鲜王朝时期，陶器始终保持着含蓄、淡雅的色彩风格。

　　陶器仿佛一面镜子，折射出自古以来朝鲜民族淡泊、朴素的生活情怀。因此，要想了解1万多年来朝鲜民族的文化，了解朝鲜半岛这片土地上人们的生活状态，首先要了解古代朝鲜民族的陶器，走进拙朴之下蕴含的淡然之美。

　　古代瓷器是当时人们生活与梦想的真实写照，是那一时期人们审美意识的真实呈现。当今社会一方面要有一定的审美能力和眼光去发现和认识瓷器之美，另一方面，还要探究陶瓷诞生时的时代背景、社会特性以及历史特性，后者更是追根溯源的关键所在。

与中国和日本瓷器相比，朝鲜半岛的瓷器以器型简单、颜色淡雅为主旋律，在琳琅满目的世界陶瓷中，具有极高的艺术价值。

在2007年之前，对朝鲜陶瓷史的研究一般围绕青瓷、白瓷阐释瓷器发展的历史，但作为陶瓷发展史中重要的一环，陶器的历史也不容忽视，因此本书第一部分主要讲述陶器的历史。

2005年，韩国国立中央博物馆举办相关研修班，一学年分上、下两个学期，笔者分别讲授陶器史和瓷器史，共16次课程。听课学员均希望通过此次课程进一步深入地了解朝鲜半岛的古代陶瓷。经过一学年的学习与探索，学员们均表示受益匪浅。

值此书稿付梓之际，真心感谢高美京（音）、朴正民（音）两位研究员协助课程录音、书稿校对和编辑工作，尤其要感谢我的家人，一直以来给予我的关心与鼓励，希望与你们一道分享出版的喜悦。

2007年8月

尹龙二

目录

朝鲜民族生活与文化之魂——古代陶器　　　　　　　　　　001

第一部　陶器——朝鲜民族缔造的质朴之美　　　　　　　013
第一章　什么是陶器　　　　　　　　　　　　　　　　　014
- 陶器与朝鲜民族的生活　　　　　　　　　　　　　　　　015
- 陶器的造型、纹样及色彩　　　　　　　　　　　　　　　018
- 陶器与人类的历史和生活　　　　　　　　　　　　　　　021
- 陶器与土器　　　　　　　　　　　　　　　　　　　　　022
- 陶器的起源　　　　　　　　　　　　　　　　　　　　　025

第二章　陶器的出现　　　　　　　　　　　　　　　　　026
- 新石器时代的陶器　　　　　　　　　　　　　　　　　　027
- 早期陶器——隆起纹陶器　　　　　　　　　　　　　　　034
- 新石器时代代表性文物——篦纹陶器　　　　　　　　　　034
- 青铜时代的陶器　　　　　　　　　　　　　　　　　　　037
- 古朝鲜与陶制祭器的出现　　　　　　　　　　　　　　　040

第三章　铁器时代的各式器皿　　　　　　　　　　　　　044
- 古代国家雏形初现　　　　　　　　　　　　　　　　　　045
- 各种陶器闪亮登场　　　　　　　　　　　　　　　　　　047
- 陶窑与陶车的使用　　　　　　　　　　　　　　　　　　052

第四章　实用美与干练美——百济陶器　　　　　　　　　056
- 汉江流域绽放的百济历史　　　　　　　　　　　　　　057
- 百济与中、日的交流　　　　　　　　　　　　　　　　062

第五章　杰出的造型之美——伽倻和新罗陶器　　　　　072
- 伽倻陶器的520年历史　　　　　　　　　　　　　　　073
- 成就国家统一的新罗陶器　　　　　　　　　　　　　　081

第六章　统一新罗与高丽陶器　　　　　　　　　　　　088
- 新罗统一与华严思想　　　　　　　　　　　　　　　　089
- 佛教的流行与骨壶的制作　　　　　　　　　　　　　　090
- 禅宗与陶器　　　　　　　　　　　　　　　　　　　　098
- 四棱瓶和碗等实用容器的出现　　　　　　　　　　　　100
- 承载佛教思想与贵族文化的高丽陶器　　　　　　　　　102
- 高丽时期陶器的变迁　　　　　　　　　　　　　　　　106
- 《高丽图经》中的高丽陶器　　　　　　　　　　　　　113

第七章　简单拙朴的朝鲜王朝陶器　　　　　　　　　　116
- 朝鲜王朝陶器的发展脉络　　　　　　　　　　　　　　117
- 朝鲜王朝陶器的自然、拙朴之美　　　　　　　　　　　120

第二部　瓷器——朝鲜半岛艺术之魂　　　　　　　　131
第一章　什么是瓷器　　　　　　　　　　　　　　　132
- 陶器和瓷器、瓦器和沙器　　　　　　　　　　　　133
- 瓷器成色与釉料的关联　　　　　　　　　　　　　141

第二章　青瓷诞生的时间与经过　　　　　　　　　144
- 探索高丽青瓷的源头　　　　　　　　　　　　　　145
- 青瓷碗的流行　　　　　　　　　　　　　　　　　151
- 高丽青瓷的诞生　　　　　　　　　　　　　　　　154

第三章　高丽翡色青瓷的问世　　　　　　　　　　164
- 高丽贵族社会的形成　　　　　　　　　　　　　　165
- 异彩纷呈的中国宋朝文化　　　　　　　　　　　　167
- 高丽青瓷的鼎盛时期　　　　　　　　　　　　　　170

第四章　象嵌青瓷的诞生及演变　　　　　　　　　184
- 高丽青瓷的诞生　　　　　　　　　　　　　　　　185
- 青瓷纹饰中的高丽情愫　　　　　　　　　　　　　189
- 象嵌青瓷向粉青瓷的演变　　　　　　　　　　　　198

第五章　全国上下的宠儿——朝鲜粉青瓷　202
- 粉青瓷和粉青沙器　203
- 粉青瓷的魅力　204
- 15世纪粉青瓷的装饰技法　207
- 备受王室宠爱的青花白瓷　211
- 粉青瓷的阴刻、剥地技法　214

第六章　让日本人一见倾心的自由之魂——粉青瓷　220
- 自由而奔放的线条世界　221
- 日本人喜爱的朝鲜粉青瓷　231

第七章　钟情白瓷的朝鲜王朝　238
- 朱子学的传入与白瓷的流行　239
- 分院官窑的设立　252
- 朝鲜青花白瓷的诞生　254

第八章　独具朝鲜民族特色的白瓷　262
- 壬辰倭乱后，朝鲜王朝社会的变化与发展　263
- 地方特色白瓷及铁画白瓷的流行　267
- 伊万里陶瓷的出口　281

第九章　朝鲜王朝后期的白瓷世界　286
- 质朴、高雅的满月形白瓷罐　287
- 多彩的陶瓷文化　291
- 分院的建立与衰落　304

参考文献　307

朝鲜民族生活与文化之魂——古代陶器

陶瓷作为珍贵的历史文物，我们应该首先从文化遗产的视角进行考量。韩国电视中播出的《真品名品》这一类节目，大多基于经济层面品鉴文物的真伪及价值，但只有深入探究陶瓷的文化价值，才能确切地了解该民族的文化内涵。

朝鲜民族在漫长的历史岁月中，积淀了丰富的文化，留下了各种各样珍贵的物质文化遗产和非物质文化遗产。物质文化遗产包括古建筑、雕刻品、古字画、工艺品，以及大量的考古学资料和民俗学资料等。在这些种类繁多的物质文化遗产中，陶瓷数目最多，是重中之重，有必要对其进行深入挖掘和探索。

我们所参观过的每一座博物馆展厅里，无一不陈列着朝鲜民族在各个时期使用过的陶瓷。然而由于太过司空见惯，我们从不觉得稀奇。但是，陶瓷作为民族文化的瑰宝之一，如果我们不了解它，便无法理解朝鲜民族的文化遗产。在韩国各大博物馆的馆藏中，陶瓷占据绝大部分，如果抛开陶瓷，恐怕可欣赏的文物将会大大减少。

陶瓷无处不在，不仅在韩国各大博物馆的展陈文物中占比最高，而且博物馆库房里还有多达展品数量几倍的藏品，甚至许多藏品一直在库房中沉睡。韩国国立中央博物馆在迁址龙山之前，展陈的高丽时期、朝鲜王朝时期陶瓷有300余件，库房藏品数量更是有2万—3万件。这些珍贵的文物在很长时间内未见天日，实在可惜，但出于空间局限，只能按照藏品数量的比例进行展陈。

美国纽约大都会艺术博物馆、英国博物馆、日本东京国立博物馆等海外著名的博物馆中均设有朝鲜半岛文化遗产展区。近年来，德国科隆东亚艺术博物馆、美国洛杉矶自然历史博物馆等也设立了朝鲜半岛文物展厅，展品一半以上为陶瓷。

个人认为，与陶瓷相比，书画、佛教雕刻等文物的数量相对较少。无论走到哪里，陶瓷都是探讨朝鲜民族文化遗产的核心话题。如果不了解陶瓷，就不能说完全了解朝鲜民族的文化遗产。

那么，周边国家的情况如何呢？近年来，随着中韩两国关系日益密切，去过中国的韩国人想必都会发现，中国的美术馆、博物馆，甚至日常生活中，陶瓷是不可或缺的文化载体。日本也是如此，在餐厅、美术馆、博物馆里，陶瓷随处可见。世界上几乎所有民族，都希望自己的文化在国外得到认可。如果有人了解某一个国家的陶瓷，就很容易同那个国家的人亲近，成为朋友；就像一个外国人，如果很了解我们的文化，并显示出浓厚的兴趣，是不是也会让我们倍感亲切呢？因此，陶瓷在不同民族之间搭建起了理解和沟通的桥梁。

近年来，韩国放送公社（KBS）《特别星期日》节目组播出了"陶瓷"系列节目。该系列节目共6集，通过一幅幅生动的画面，诠释了在漫长岁月里陶瓷对全世界人的重要性，再现了东西方陶瓷贸易的全貌以及西方人对陶瓷的喜爱。略微遗憾的是，节目组未能认识到朝鲜半岛陶瓷在世界陶瓷史上的重要地位，节目主要聚焦中国陶瓷，对朝鲜半岛陶瓷的介绍过少。但无论如何，该节目的播出，为观众感受陶瓷在人类文化和东西方交流史中的重要作用提供了契机。

当我们遇见外国友人时，如果可以畅聊对方国家陶瓷的纹饰图案以及器型特征，那将多么令人愉悦啊！全球一体化进程逐步加快，在日常生活中，陶瓷的重要性日益凸显，因此，我们有必要认识陶瓷、了解陶瓷。

朝鲜半岛的陶器从先人们定居东北亚开始，直到今天，前后经历了1万多年的漫长岁月。首先，新石器时代制造了篦纹陶器。历经早期铁器时代，直到统一新罗以前时期、统一新罗时期、高丽时期、朝鲜王朝时期，陶器和瓷器逐渐融入朝鲜民族的生活和文化，成为宝贵的文化遗产。

一定有人会问："那么绘画呢？"韩国国内现存的绘画作品大部分创作于朝鲜后期。史前时代只留下了少量的岩画，这可能会让绘画爱好者们大失所望。统一新罗以前时期和高丽时期分别只有壁画和佛画流传下来。除绘画以外，雕刻品也是如此。朝鲜半岛现存最古老的雕刻品中并没有史前时代的文物，而且大部分以佛教雕刻为主，不足以诠释朝鲜半岛的历史

茄纹陶器，青铜时代，高15.8厘米，韩国湖林博物馆收藏。

与文化。相反，陶瓷从史前时代开始，一直与朝鲜民族的生活同向同行。岩寺洞、弥沙里，以及新石器时代遗址中，主要的出土文物便是陶器。石器时期的出土文物也有部分是陶器，但如果去朝鲜半岛博物馆中的青铜时代展厅就可以发现，馆藏展品几乎全为陶器，而且造型各异。

每一个时期的每一件文物都蕴含着数不尽的历史和故事。青铜时代的茄纹陶器具有浓郁的绘画气息，器壁较薄，用细黏土制作而成，器表打磨光亮，呈浅褐色，器身用木炭施绘茄状纹样，工艺精湛。其造型不用于普通的生活用器，主要出土于朝鲜半岛南部的石棺墓或支石墓中，也有部分在民宅下被挖掘出土，可见，茄纹陶器并不单纯为陪葬品。

无论在统一新罗之前还是之后，陶器一直是每一个时期的代表性文物之一，雁鸭池的出土文物大部分为陶器。器皿是朝鲜民族在这片土地上生存、繁衍，必不可少的生活用品。没有器皿，一日三餐不可想象。尽管统治阶层和被统治阶层使用的陶瓷器皿品质高低不一，但任何人的生活都离不开它。一件小小的器皿，承载着那一时期人们的生活愿景，承载着那一时代的文化底蕴。赏鉴陶瓷，不仅在于欣赏其外在的造型纹饰，更重要的是，要通过陶瓷了解朝鲜民族所走过的岁月。

历史文献记载固然重要，但器皿作为鲜活的历史依据，其重要性不言而喻。从朝鲜民族在朝鲜半岛扎根开始，陶器烧造一直伴随着整个民族的浮浮沉沉，从未间断。我们现在看到的，有的是某一时期使用后破碎的陶瓷残片，有的被放入坟墓中陪葬，留存至今，成为珍贵文物。陶瓷承载着朝鲜民族厚重的历史，作为珍贵的文化遗产，不仅是朝鲜民族生活的真实写照，而且蕴含着朝鲜民族人们生活的智慧和灵魂。

陶瓷的重要性不仅在于它的造型之美和经济价值，而且它是了解朝鲜民族生活和文化的重要资料之一。每一个时期都有无穷无尽的文化遗产，但随着时间的流逝，许多文物消失在历史的漫漫长河之中，而陶瓷在悠长的岁月里依然留存下来，成为展现朝鲜民族生活面貌的历史见证。希望此书能够通过陶瓷这一主线，将朝鲜民族的过去真实而生动地呈现在读者面前。

陶瓷的重要性，还在于它是连接过去和现在的纽带。在我们的日常生活中，饭碗、汤碗、菜碟、酒杯、茶碗、储藏容器，陶瓷的身影随处可见。但它在实用之外，还是朝鲜民族审美意识的真实体现。韩国曾经举办过"朝鲜民族美术五千年"特别展，展出了满月形白瓷罐、青瓷象嵌梅瓶、陶器长颈壶、篦纹陶器等凸显朝鲜民族美学特征的代表性作品，展示了从史前时代到今天，朝鲜民族审美风尚的流变。通过此次展出，观众们深刻体会到，陶瓷是了解朝鲜民族文化本源的途径之一。

基于对陶瓷的深入研究，关于朝鲜民族的美学特性，又玄高裕燮（1905—1944年）、兮谷崔淳雨（1916—1984年）、三佛金元龙（1922—1993年）等多位前辈学者们指出，史前时代的陶器尽管可以涂上各种颜色，但却主要以褐色为主；进入文明时期以后，主要施绘灰青色等颜色，而且朝鲜半岛的陶瓷大都造型质朴、不施纹饰，反映出朝鲜民族喜欢素静、雅致的性格特征。满月形白瓷罐正是这一特征的集中体现。

绘画和雕刻品对于大众理解朝鲜民族文化固然重要，但古画是供士大夫阶层赏玩的高雅文化，陶瓷则雅俗共赏，更接地气。博物馆的馆藏珍品可能会让大家觉得，高丽青瓷专供统治阶层使用，但莞岛近海地区出土的

满月形白瓷罐, 18世纪上半叶,高47.5厘米,私人收藏。

18世纪朝鲜王朝时期,由于技术的局限,无法烧造出40厘米高的重型白瓷容器,只能将上下两个半球形素坯相互叠放,拼接成罐。然而,技术的缺憾却造就了白瓷罐特有之美。白瓷罐的质朴、淡雅源于作品的灰白色调和不对称器形。尽管满月形白瓷罐的曲线并不完美,但置身窑火,忍耐时间的试炼,对于今天重重束缚之下身心疲惫的我们来说,它的坚韧、刚毅,焕发出别样之美,令人动容。

3万多件瓷器证实青瓷不仅用于王公贵族的宴飨活动，为满足普通百姓的生活需求，也会被烧造成粗质瓷器。尤其是近年来，古代民宅附近坛、罐等生活容器的出土，更加证实了陶瓷的平民文化特性。陶瓷是浸润了朝鲜民族生活气息的文化遗产，被各个阶层广泛使用。通过陶瓷，大众能够对朝鲜民族文化追踪溯源，能够了解朝鲜民族文化的深层内质，并在此基础上，学习到周边各国的传统文化。

近年来，韩国国内出土了1500多个各个时期烧造陶瓷的窑址。此外，还发现了古代的陶瓷运输船，从中获取了大量的资料和珍贵的信息。近年来发表的各种考古资料证实陶瓷是各个时期人们生活的具体体现，是朝鲜民族生活的真实写照。

一直以来，大部分人只将陶瓷视作盛装食物的器皿，并不了解瓷器的真正用途。当看到梅瓶时，有的观众甚至惊叹："啊！这就是梅瓶啊？不知道是做什么用的，但好漂亮啊！"陶瓷的造型真实地反映了当时人们的审美，是人们生活风貌的真实再现。陶瓷的纹饰除生活表象之外，还融合了佛教、道教、儒教、巫教等各种宗教和思想，具有丰富的象征意义。陶瓷的颜色也是时代审美的具体体现。因此可以说，陶瓷是朝鲜民族美学艺术的综合呈现。

陶瓷也是一个融汇人们生活和梦想的有机体。当我们初次见到一个人时，通常会凭借外貌评价其人，但只有了解这个人的内心世界以后，才会产生更加深刻的认识。陶瓷也是如此，最开始仅见造型和纹样，但当透过陶瓷了解到其中承载的生活意义之后，便会深刻地体会到陶瓷作为文化遗产的珍贵价值。

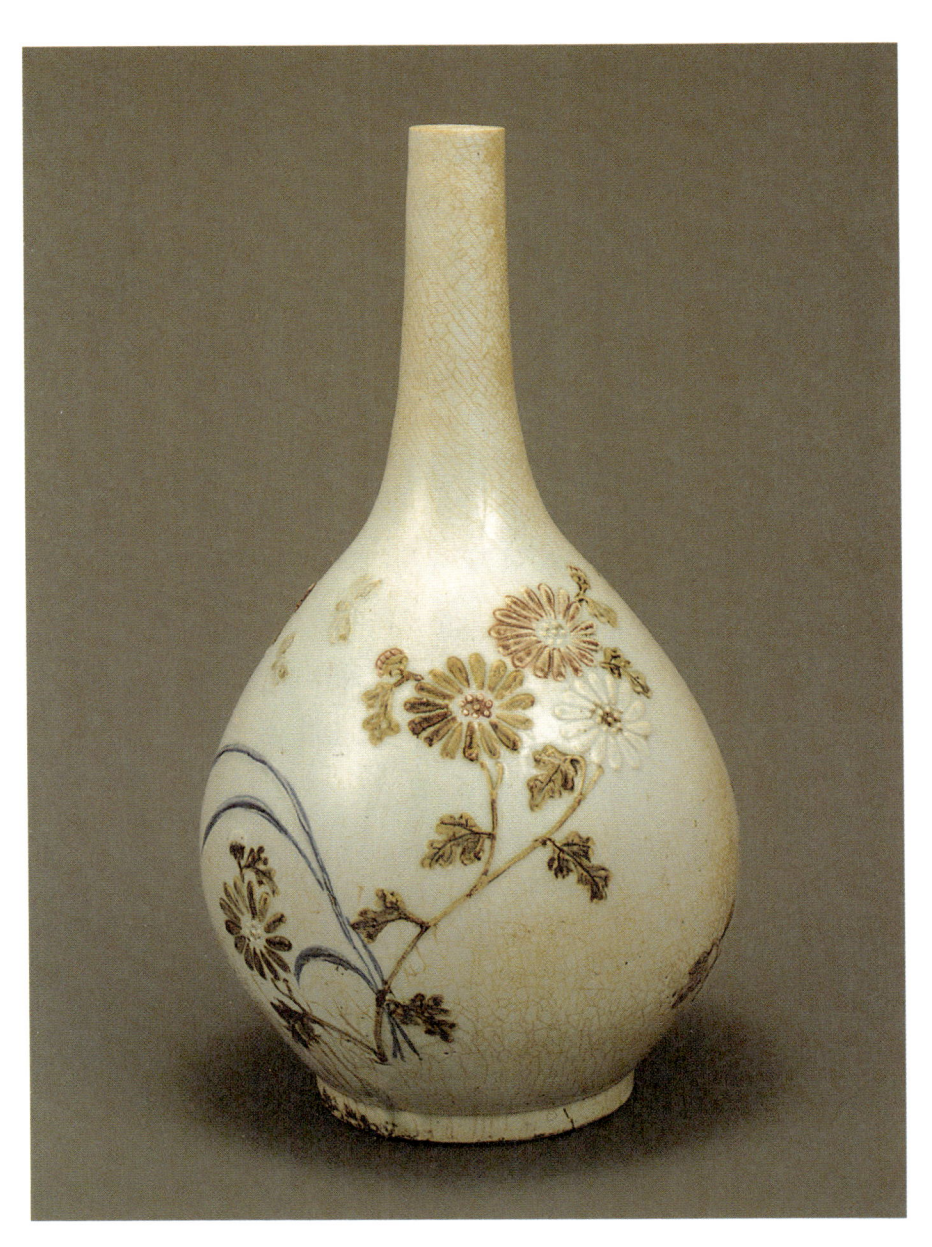

白瓷青花铁画铜画草丛菊纹瓶，18世纪后期，高42.3厘米，韩国涧松美术馆收藏。

探索一个未知的世界，源于人的求知欲和好奇心，是人的本能，会带给人不同的快乐和喜悦。就像春日里，在园子里发现一朵绽放的小花，会感到无比欣喜一样，探索文化遗产本身就是发掘未知世界的过程，是一件十分幸福的事情。这就好比音乐，音乐会为生活带去喜悦，为受伤的心灵送去安慰。对于一个不懂音乐的人来说，生活不会因为音乐的有无受到任何影响。但对于一个热爱音乐的人来说，活在这个世界里，如果没有音乐，生活便索然无味，因为他们相信，音乐有一种神奇的力量，不懂音乐就等于失去了整个世界。

　　陶瓷也是如此，生活在这个社会上，即便不了解陶瓷，也不会有任何不便。但作为一项重要的文化遗产，如果不去深入发掘和了解，就等于失去了一个意义非凡的世界。无论是外在造型，还是内在价值，陶瓷仿佛一个超越时空、破译时代生活的密码，拥有无穷无尽的奥秘。希望这本书能够让广大读者透过瓷器走入一个未知的世界，从中体验那份幸福和喜悦。凡有所念，必有回响，对陶瓷探知越深，喜悦愈真。

　　陶瓷是古人抒发情绪心境的载体，要读懂其内在含义，需要付出一定的努力。希望广大读者借此机会多读相关书籍，多赏鉴历史文物，将陶瓷视为鲜活的生命体，像约见老友一般，经常去韩国国立中央博物馆、韩国三星Leeum美术馆和韩国湖林博物馆看看，那里有各个时期各式各样的陶瓷。周末的时候，不要只待在家里，多和家人或朋友去韩国海刚陶瓷美术馆、韩国广州朝鲜官窑博物馆走走。有时间的话，还可以去韩国全罗道扶安或康津看一看，在高丽时期，那里有专门为王族和贵族们烧造最高等级青瓷的官窑。

一分耕耘，一分收获。很多人喜欢陶瓷，却没有机会细致地深入了解和学习。了解和认识陶瓷的途径是多看、多研究。经常接触一些好的作品，慢慢学会比对造型和纹饰，发现之前从未注意到的诸多细节。亲自到制瓷所走一走、看一看，可以进一步了解陶瓷的制作材料、制作流程等等。只要我们做一个有心人，怀揣热情，努力钻研，就能够独具慧眼，学会鉴赏，逐渐从文化的层面深刻认识朝鲜半岛的陶瓷。

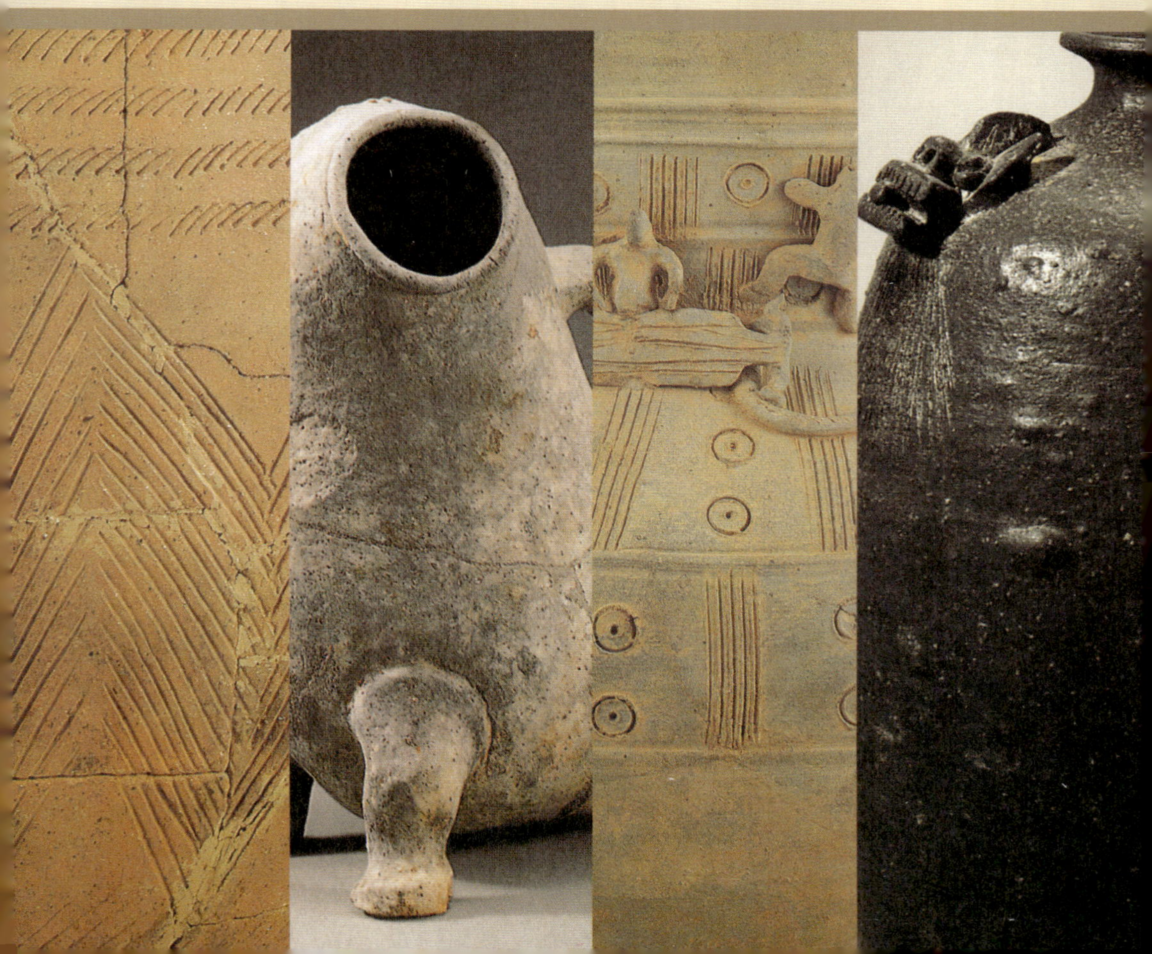

第一部
陶器——朝鲜民族缔造的质朴之美

第一章

一

什么是陶器

一

陶器与朝鲜民族的生活

提起"黏土容器",很多人可能会觉得有些陌生。"黏土容器",即我们常说的"陶器",虽然不太被世人关注,但作为一份珍贵的文化遗产,陶器在1万多年的历史长河中,以其丰富多彩的造型承载着朝鲜民族的生活与文化。

从朝鲜民族在朝鲜半岛扎根开始,出于生活的需要、时代的变换和地域的迁移,各式各样的陶器层出不穷。近年来,韩国各地的窑址、生活遗址、古墓,尤其是韩国济州高山里遗址等地,出土了大量陶器,包罗万象的烧造造型诉说着朝鲜半岛陶器的漫长历史。

在新石器时代的文物中,第一个出现的便是陶器。此后,历经青铜时代、早期铁器时代、统一新罗以前时期、统一新罗时期、高丽时期、朝鲜王朝时期,一直到现在,陶器在朝鲜民族的生活中依然随处可见。今天朝鲜民族常用的坛子也是陶器的一种。

由此可见,陶器自诞生以来,便一直被烧造和使用,从未间断。虽然出土文物大多呈碎片、残骸状,并不完整,但却如实地展现了各个时期的生活面貌。因此,在考古学领域,文物发掘的重点从来不是石器和铁器,

韩国济州高山里遗址
位于平原地带,海拔14—17米,是朝鲜半岛早期新石器文化形成过程的见证之一。

而是陶器。陶器是考古学研究的主要对象，是美术发展史上最能展现朝鲜民族美学特征的文物之一。

尽管陶器承载着厚重的历史、拥有极高的文化价值，但现实中，人们对陶器的关注和了解却少之又少。哪怕在韩国湖南文化遗产研究院、韩国庆南文化遗产研究院、韩国中央文化遗产研究院等考古研究机构的努力下，无数沉睡千百年的陶器得以重见天日，但这些来之不易的陶器文物往往是再次在仓库里封存，即便偶有展出，大部分游客因对其知之甚少，往往匆匆一瞥而过。

在部分人的潜意识中，往往错误地认为陶器诞生于史前时代，后来逐渐被青瓷、粉青瓷和白瓷所取代。但事实上，陶器一直与朝鲜民族的生活息息相关。在高丽时期和朝鲜王朝时期，尽管社会上大量使用青瓷、粉青瓷和白瓷，但陶器的烧造也从未停止。陶器与瓷器一道，作为朝鲜民族的生活器皿被广泛使用。

高丽时期的文献中有很多关于陶器的记载，朝鲜王朝时期也是如此。

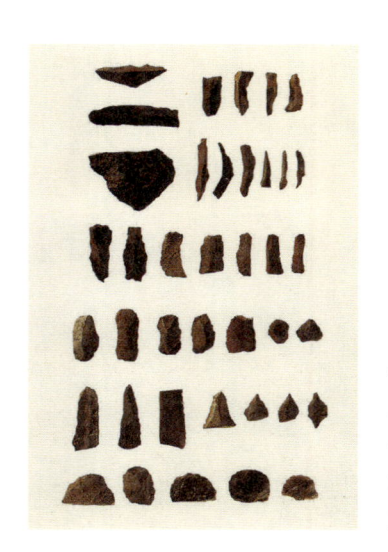

各种打制石器，韩国济州高山里出土。
从济州高山里遗址出土的文物中可以推测，这里有1万年前人类的生活痕迹。遗址中发现的隆起纹陶器是朝鲜半岛目前历史最为悠久的陶器造型，具有极高的研究价值。

酱缸一隅

《世宗实录·地理志》中记载，当时有陶窑185处，遍布朝鲜各地，瓷窑139处，陶窑数量远远多于瓷窑。此外，朝鲜著名文学家成俔（1439—1504年）在《慵斋丛话》中也提到，陶器是人们生活的必需品。

朝鲜王朝时期，酱油、大酱、辣椒酱等是人们饮食生活的重要组成部分。那么，古代人是如何保存泡菜，如何存储大米和水的呢？这一切都离不开一种重要的生活器皿——陶器。如果没有酱缸和罐坛，朝鲜王朝时期人们的生活将寸步难行。虽然高丽时期出现了青瓷，朝鲜王朝时期流行粉青瓷和白瓷，但这些瓷器在当时仅供上流阶层使用。青瓷和白瓷等瓷器的历史前后仅有1000多年，现在很多人却把青瓷和白瓷视作朝鲜半岛文化遗产的全部，忽略了陶器的存在价值及其意义，着实令人惋惜。

朝鲜半岛的陶器拙朴、实用，兼具色彩感，但很多人对此了解甚少。陶器是历史长河中悠久岁月的沉淀，是实用的生活容器，它的造型之美绝

第一部 第一章 什么是陶器 017

不亚于满月形白瓷罐（译者注：朝鲜民族代表性白瓷作品），然而一直未得到重视。因此，有必要深入发掘陶器的魅力，让人们切实感受陶器在简洁之中孕育的造型美。

在美国大都会艺术博物馆、英国博物馆等海外著名的博物馆中，均有展出朝鲜半岛各时期陶器，从不同角度向世人展示着朝鲜民族的文化，彰显着陶器的拙朴简洁之美。然而，陶器之美在韩国之外先于韩国国内得到认可，这一点更值得深思。

◆ 陶器的造型、纹样及色彩

陶器虽然造型各异，但大多简洁。钵是朝鲜半岛历史上最古老的器型，大小不一，在朝鲜王朝时期被称作沙钵。

钵是新石器时代早期的产物，朝鲜半岛新石器时代早期的钵大多出土于韩国襄阳鳌山里、韩国釜山东三洞等遗址。那时的人们在这片土地上繁衍生息，基本钵器、带柄钵、各种纹钵推陈出新，伴随着先人的生活，走过了上千年的漫长岁月。青铜时代以后，曾经常用的几何纹消失了，出现了大量素面陶器，这一时期的陶钵只在钵口饰有指甲捻压而成的简单花纹。统一新罗以前时期，新罗、伽倻的陶器上再次出现斜线纹等几何纹样。不仅如此，作为祭祀用品的特殊陶器，除图案纹样外，器表还粘有被称为"陶俑"的陶塑人物或动物。

统一新罗时期，印花陶正式出现，这种陶器是采用印模将所需花纹拍印在特定部位。高丽时期，印花纹一度消失，在高丽末期又被重新用于装饰粉青瓷。钵器器型简单，以几何纹为主，器表上所使用的工艺在有纹、无纹之间反复选择。

壶始见于青铜时代,历史悠久,原本是指一种装盛液体的大腹容器,通常被称作"缸"或"罐"。其外形似钵,口部向内收敛。青铜时代的红陶、黑陶中也出现了这一器型,与钵一道,被广泛使用。

统一新罗以前时期,朝鲜半岛各地方政权的政治制度逐渐完善,祭祀仪式种类更加多样。这一时期,高柄杯和长颈壶作为一种新的礼器出现。壶和钵则一直沿用原有器型,未发生较大变化。

骨壶是统一新罗时期用于存放死者骨灰的一种陶器,造型多样,部分有纹,大多无纹,高丽时期和朝鲜王朝时期极为盛行。

朝鲜半岛的陶器与中日两国相比,大多既无手柄,也不采用宽口器型凸显器物上部,而是采用自然平缓的曲线,打造简洁流畅的造型,这是朝鲜半岛许多陶器造型的共同特点,也是朝鲜半岛陶器文化的主要特征之一,这一特征在酱缸上最为显著。缸最早产生于史前时代,是朝鲜民族主要的生活容器,也是陶器经久不衰的代表之作,一直受到朝鲜民族的喜爱。

除造型外,陶器的色彩也值得进一步探索与考究。原始制陶均为露天

隆起纹陶器,新石器时代,高16厘米,韩国首尔大学博物馆收藏。
底部平整,实用性强。器身用泥条盘筑,产生时间早于阴刻凹纹的篦纹陶器。

1. **素面陶器**，新石器时代，高54.5厘米，韩国国立晋州博物馆收藏。
2. **深钵形绳文陶器**，日本绳文时期，高57.3厘米，日本爱知县陶瓷资料馆收藏。
3. **旋涡纹双耳彩陶壶**，马家窑文化，高36.2厘米，中国北京故宫博物院收藏。

1是素面陶器，造型拙朴简洁；2是日本的绳文陶器，器身绘有奇特的火花纹样，造型独特；3是中国彩陶，器身布满几何纹饰，体现出高超的窑业技术。东亚三国的陶器自文明萌芽伊始，就存在一定的审美差异。

烧造，因此那一时期的陶器大多呈红褐色。露天烧造时，陶土中的氧化铁充分氧化，使器皿表面产生色彩。但新石器初期的陶器大多并非深褐色，而是呈现出与古代土墙一样的浅褐色。进入文明社会以后，人们开始使用原始土窑，逐渐出现了青灰色、灰黑色陶器。虽然也出现了部分灰白色陶器，但逐渐被青灰色或烟熏的灰黑色替代。到统一新罗以前时期，陶器以青灰色为主。

◆ 陶器与人类的历史和生活

要想追寻朝鲜民族的根源、探究朝鲜民族的美学特性，首先要了解朝鲜民族的陶器。陶器是朝鲜民族拥有淡泊、淳朴情怀的真实写照。通过陶器，可以窥见公元前2300年朝鲜民族的生活状态。正因如此，考古学领域在探究朝鲜民族起源时，最主要的研究对象即为陶器。

陶器的缺点是易碎。然而，历史学家们认为，正是这种特性促使陶器不断衍生发展。陶器不仅是技术发展和文化变迁的镜子，同时也是了解当时人们生活的重要依据。通过探究世界陶器的历史，可以切实有效地了解人类的发展过程和生活状态。

朝鲜半岛新石器时代最具代表性的陶器是篦纹陶器，在芬兰、瑞典、波兰、德国北部等地的新石器遗址中也有相似文物出土。从具体分布来看，这些出土了相似文物的遗址起始于北欧芬兰，经俄罗斯西北部的奥卡河—伏尔加河上游，越过乌拉尔山脉，到达西伯利亚中部，随后向东，经叶尼塞河中游，抵达贝加尔湖，至此，继续沿东南方向，经内蒙古草原、黑龙江，抵达朝鲜半岛。贝加尔湖有阿尔泰语系民族的母亲湖之称，出土陶器以贝加尔湖为中心，横跨小亚细亚和欧洲，仿佛一条巨大的纽带，将一个特定的文化群紧密相连。

在没有文字记载的时期，陶器是记录文化变迁的史官之一。陶器可以带我们走进厚重的历史，追寻人类发展的足迹。走进陶器世界，将是一次妙趣横生且意义深远的旅行。

想了解陶器，首先要经常赏鉴。参观韩国国立中央博物馆、韩国陶器民俗博物馆、韩国各大学博物馆等，均有助于加深对陶器的了解。高丽时期和朝鲜王朝时期的陶器大多收藏于韩国延世大学博物馆。此外，位于韩国首尔水流里德成女子大学附近的陶器民俗博物馆也值得一看，该陶器民俗博物馆建于1991年，是一家私人博物馆，在这里可以感受到朝鲜民族对陶器的热爱。

要想欣赏伽倻陶器，韩国国立金海博物馆是首选之地。统一新罗以前时期的陶器虽各具特色，但要数伽倻陶器最为时尚和精致。此外，韩国国立庆州博物馆堪称新罗陶器的宝库，韩国国立大邱博物馆也有很多陶器馆藏。韩国国立光州博物馆和韩国国立全州博物馆收藏了大量的百济陶器，但要一睹百济陶器中的精品，则要选择韩国国立扶余博物馆。

陶器与土器

陶器由黏土制作而成。黏土一般呈棕红色，但有些地区的黏土也呈褐色。黏土具有可塑性，可塑性是制作器皿的基本条件。陶器是利用黏土煅烧后变硬这一原理制作而成的。

通常将加水后可塑性强、烧结性好的土称为陶土，黏土是陶土的俗称。朝鲜民族文字创制后，在朝鲜王朝时期编著了《训蒙字会》（译者注：朝鲜王朝时期重要的童蒙识字课本，1527年由崔世珍所撰），书中将"陶"称为"泥"，将"陶土"写为"黏土"。换而言之，在15世纪时，朝鲜半岛地区就已经将"陶土"称作"黏土"。尹善道（1587—1671年，朝鲜诗人）在诗集《孤山遗稿》中曾提及"土瓶"一词。由此可见，16世纪时，就使用过土瓶、土坛、土缸等说法，而且陶器也被称作黏土容器。

陶土有一个缺点，在1200℃左右时会塌陷，不耐高温。而制作瓷器的瓷土却能经受1300℃以上的高温。因此，陶土无法用来制作瓷器。使用陶土制作陶器的人被称作陶工，制作陶器的窑被称为陶窑。"陶"的象形文字就像很多工人在泥池中踩踏黏土。陶土在全世界的储量较少，但分布广泛，世界上几乎所有民族都烧制了自己的陶器。可以说，陶器是人类文明的共同成果。

那什么是"土器"呢？这一说法是美国人最先使用的，他们根据烧造温度区分陶瓷，将在600—700℃之间烧造的器皿称作"earthen ware（低温陶器）"。19世纪时，日本人将其翻译为土器。令人意外的是，新罗和伽倻的陶器大多是在1100℃的高温下烧造而成。按照美国和欧洲的标准，新罗陶器和伽倻陶器的烧造温度在1000—1200℃之间，应该被称为"stone ware（石器）"。但进入日本殖民地时期以后，不论烧造温度如何，统一将其称为土器。

美国的陶瓷制作技术远远不及东方各国，根据烧造温度，分别将在600—700℃、1000℃左右、1100—1200℃和1300℃以上烧造的器皿称为土器、陶器、石器和瓷器，日本完全遵循这一分类标准。

受日本的影响，朝鲜半岛陶器的概念过于宽泛，石陶、土陶和瓦陶这几个概念从一开始就比较模糊。根据烧造温度区分类别，并不具备合理性，因此，作为瓷器发源地，中国并不使用土器这一术语。但人们将烧造温度在1000℃以下的称为软质陶器，1000℃以上的称为硬质陶器，或者根据施釉与否，分为有釉陶和无釉陶。

此外，根据所使用的材料，使用陶土制成的所有器皿被称为陶器，即黏土容器，在陶器上施釉的容器，即为坛子。陶器的釉料有自然釉、绿釉、褐釉等，但无法根据具体施釉材料来区分，而且软质陶器也有施釉与无釉之分，硬质陶器也是如此。

陶瓷是陶器与瓷器的统称。用陶土烧制的器皿叫陶器，用瓷土烧制的器皿叫瓷器。朝鲜半岛陶器有1万多年的历史，而瓷器的历史是1000年左右。按这一标准区分不仅概念更加清晰，而且符合古代文献中记载的陶器概念。

陶器 绿釉骨壶，8世纪（统一新罗时期），韩国庆北庆州南山洞出土，高39厘米，韩国国立庆州博物馆收藏（许可编号：庆博200708-108）。
此绿釉壶为施釉陶器，器表整体施印花纹样。所施釉料与瓷器生产中使用的长石釉不同。瓷器所施釉料遇1300℃高温会转化溶解，而陶器要采用铅釉或碱性釉，确保在低于800℃的温度下发生反应。统一新罗时期，受当时中国代表性施釉陶器——唐三彩的影响，朝鲜半岛地区也烧造了带釉陶器。受釉料影响，器皿呈绿色或褐色。这种施釉陶器由于采用低温烧造，硬度较差，生活中不常使用，多用作礼器。

陶器的起源

陶器是如何产生的呢？众所周知，地球约有46亿年的历史。地球上最早的生命体诞生于34亿—35亿年前，纵观地球的历史，大海被认为是地球生命的源泉。最原始的生命体诞生于海洋，从低级到高级、从简单到复杂，逐渐发展。终于大约5亿年前，出现了脊椎动物。脊椎动物出现后，慢慢进化出灵长类哺乳动物，人类与猿类同属灵长目。我们通常所说的猿类包括黑猩猩或猩猩，它们与人类拥有共同的祖先。约2500万年前，人类和猿类还没有开始分化。

约400万—500万年前，大约在今天东非的坦桑尼亚、埃塞俄比亚周边的溪谷中，第一次出现了人类，那一时期的人类被称作早期人类。以前普遍认为，人类出现于100万年前，但科学家们采用岩石学中使用的钾-氩法测定显示，人类出现的时间距今400万—500万年。据说，早期人类脑容量较小，像猿类一样在树上生活。人猿分化的主要原因虽不得而知，但据学者们推测，是由于地球环境变化所致。

非洲是草原地带，每天都上演着弱肉强食的大自然法则。为了生存，人类开始双脚着地、直立行走、解放双手，并使用火和工具，大脑也越来越发达，在群体生活中相互交流，产生了语言。人类最早用火的时间约在50万年前，周口店北京猿人被认为是最早使用天然火的原始人群，在周口店遗址发掘出了使用火的痕迹。火的使用成为人类文明跃进的重要基础，使得早期的人类能够过上定居生活，从事农业和畜牧业。农耕和畜牧产生后，人类逐渐意识到储藏的必要性，从而为陶器的出现提供了重要契机。可以说，新石器时代对于人类文明的进步具有划时代的重要意义，正因如此，考古学上称其为"新石器革命"。

第二章

陶器的出现

———

新石器时代—青铜时代

新石器时代的陶器

双脚着地、直立行走对于人类的进化具有重要意义。有人类学家认为，人类得以进化的根源，全部得益于数百万年前人类能够直立行走。为保护自己免受动物攻击，获得粮食，人类不得不有别于其他动物，方法之一便是能够直立行走、解放双手。这就为人类制造工具、使用工具创造了条件。

人类与动物最根本的区别在于人类会思考。人类大脑的发展带动了语言的产生和发展，随着经验的积累，人类文明不断实现飞跃式发展。当自然界遭遇严寒时，人类开始烤火取暖。火的应用减轻了人们对黑暗的恐惧，使得人类免受猛兽的侵袭，同时使人类可以食用熟食，还使人类可以在夜间活动。

火的应用以及人类生活方式的改变为青铜器和铁器文明的发展奠定了基础。如果没有火，我们所关注的陶器也无从烧造。众所周知，人类直立行走、解放双手、大脑进化以及使用火，都可追溯到50多万年前的周口店北京猿人时期。

我们现在所熟知的陶器器型并非在新石器时代早期就已经形成。位于朝鲜平壤大同江边的黑隅里洞窟遗址是目前朝鲜半岛地区出土的最古老的遗址之一，在那里发现了五六十万年前人类生活的痕迹，出土了20处骨骼化石，据推测，是当时生活的穴居熊、鬣狗、长尾猴等动物被人类食用后，丢弃的骨骼发生石化所形成。如果这一时期有人类居住，那么应该与周口店北京猿人一样，可以直立行走，并且会使用火。

直到1万多年前，地球历史上的第四纪大冰期结束。从那时开始，全球气候基本上形成现代气候的特点，冰川融化，动植物开始繁衍生息。长期迁徙的人类在经受颠沛流离和食不果腹之后，为了获取食物，开始辛勤劳作。今天的以色列、叙利亚一带是新石器时代最早的人类定居点之一。这片沃地生长着大量的野生动植物，人类在这里学会了种植粮食，驯养山羊等野生动物，以防食物不足，摆脱了旧石器时期因找不到食物而活活饿死的生活状态。早期农业和畜牧业出现后，人类不再需要四处寻找食物，终于摆脱了长期以来在大自然中饱受饥饿与面临生命危险的困境，开始独立生存，并从此安定下来，搭建栖身之所。

大约1万年前，人类利用大自然有限的环境条件，如天然洞穴，开启定居生活。随着时间的流逝，大约6000年前，人类居住地逐渐沿河流向下游地区迁移。之后，人类为寻找更好的耕地，扩大农耕规模，逐渐聚集形成了村落。农耕文明的出现使得劳动力变得紧张，于是人口开始大量繁衍，为氏族的形成奠定了基础。这一时期，人类驯养野猪和野牛，畜牧业规模逐渐扩大。不仅如此，人类还通过狩猎和采集，弥补食物来源的不足。农业和畜牧业的出现，使人类食物来源有了保障，逐步进入定居生活。

朝鲜平壤黑隅里洞窟遗址
朝鲜半岛地区具有代表性的旧石器早期遗址。除石器外，还出土了大熊、鬣狗、犀牛、水牛等大大小小的野兽骨骼化石，对研究当时的自然环境具有重要价值。

农业和畜牧业为新石器时代人类步入定居生活奠定了重要的基础，也使生产工具有了显著的改进。这一时期，人类不再仅仅使用粗糙的打制石器，而是能够将简单的工具打磨出美观又便于使用的形状。经历灾年之后，人类懂得了只有存储粮食，来年才能生活无忧这一道理。这一时期最主要的储藏物就是粮食。

储存粮食的需求引发了陶器的诞生。专家们采用放射性同位素定年法测定乌尔遗址（位于今天伊拉克境内）发现，1万多年前人类就开始使用钵形储藏容器。不论东方还是西方，最早出现的器皿大多为钵形，各种大小不一的圆口钵在生活中得到广泛使用。

最初，人类也许并不知道如何制作陶器。只是把黏土带到河边，像玩玩具一样揉来揉去，做成小器皿。后来，因为需要更大的容器，便把黏土搓成长麦芽糖状，一条一条盘筑起来。为使容器更加光滑，人类把皮革用水浸湿，在凹凸不平的器皿表面揉搓。再后来，人类发现泥土烧制后会变硬，于是便开始用火烧造器皿。从此，人类利用黏土的可塑性和烧制后变硬这一特点，制作生活中需要的各种陶器。

随着生活方式的变化，人们不仅需要存储容器，还需要可烹煮的容器。1万多年前的陶器大多采用泥条盘筑法或类似方法制作而成，早期主要采用泥条层层相叠（泥条堆筑法）或长泥条螺旋式盘筑的方法。

在韩国出土的碎片文物中，首尔岩寺洞遗址发掘出相当数量的篦纹陶器。有趣的是，这些陶器断面大部分呈片层状，证明是采用堆筑法制作而成。如果采用盘筑法，碎片则会呈斜线状。除此之外，还有其他几处遗址均可以证实，朝鲜半岛地区在史前时代很少使用盘筑法。

史前时代的陶器大多为隆起纹或无纹，因此堆筑法是这一时期最重要的陶器制作方法。这种方法的缺点是衔接部分容易脱落。因此有专家认为，器表篦纹除具有装饰功能外，还可以防止堆筑的泥条脱落。当时的陶工们经过反复尝试发现，将泥条相叠堆筑后，在其上刻画条纹，能够使得泥条粘连牢固，衔接部分也不像以前那样易于脱落。器表篦纹是用鱼骨等工具刻画出的Z形条纹，因而也被称为鱼骨纹。

泥土经火烧制变硬这一原理被发现后，人类开始在野外生火烧制陶器。新石器时代的篦纹陶器也是在野外烧造而成。露天烧造，热量容易流失，最高温度仅在700℃。在这种温度下，陶器虽然会变硬，但一用力容易粉碎，而且易吸水。正因如此，人类一度认为，陶器更适合用作储藏容器，而非生活容器。今天发掘出土的篦纹陶器中，有很多钵状储藏容器，据推测，其中硬度较大的可能用于露天烹饪食物。

根据前文提到的韩国济州高山里遗址的情况推断，朝鲜半岛地区1万多年前就已经开始烧造和使用陶器。济州高山里遗址出土的史前陶器位于火山岩上层，从岩层位置来看，属于新石器时代，是朝鲜半岛地区陶器悠

韩国江原道襄阳鳌山里遗址
位于雪岳山路口，1982年被首尔大学考古调查组发掘。当时，在沙滩上发现了一些陶器碎片。这里出土的隆起纹陶器是迄今为止济州岛以外地区发现的最古老的陶器文物之一。这里出土的陶器大多呈V字造型，也有部分平底陶器，展现了江原道地区陶器的主要特征。

久历史的最好见证。在济州高山里遗址被发现之前,学界公认的篦纹陶器诞生年代约在6000年前。现在,如果去韩国首尔奥林匹克公路附近的岩寺洞,迎面而来的"欢迎大家来到6000年前遗址"这句标语便由此而来。

迄今为止发现的史前遗址主要出现在公元前5000—公元前6000年,多数位于海边。江原道襄阳鳌山里遗址发掘于20世纪80年代,形成时期可追溯到公元前6000年。此外,韩国蔚山新岩里、韩国釜山东三洞等遗址主要分布于从东海岸至釜山等南部海岸沿线地区。据推测,当时的人类进入朝鲜半岛后,最初在江原道和东海岸等地定居,从事狩猎、捕鱼和采摘等活动。

公元前4000年起,朝鲜半岛地区的西海岸时期正式拉开序幕,这一时

隆起纹陶器残片,新石器时代,韩国蔚山新岩里第①文化层出土,韩国国立中央博物馆收藏(许可编号:中博200708-341)。
隆起纹陶器是在器表粘有像羊角一样浮凸的几何纹饰。此类陶器的出现早于篦纹陶器,主要为钵形器,呈棕红色,在釜山东三洞或南海岸的多个遗址中均有出土。继隆起纹陶器之后,出现了篦纹陶器,篦纹的出现绝非偶然,是将隆起纹陶器上的羊角浮凸纹样转为阴刻凹纹而成。

第一部 第二章 陶器的出现 031

期的陶器以首尔岩寺洞篦纹陶器为代表。公元前4000—公元前1000年新石器时代，陶器已从隆起纹过渡到阴刻篦纹。

通过出土的1万多年前的陶器可以得知，朝鲜民族的祖先始于新石器时代。黑隅里洞窟和涟川全谷里属于五六十万年前的遗址，生活在那里的人是否与现在的朝鲜民族直接相关尚未可知。但可以确定的是，目前已经发现了一些与朝鲜民族直接相关的新石器遗址。此外，济州高山里、江原道襄阳鳌山里、釜山东三洞、首尔岩寺洞等遗址也为了解朝鲜民族的起源提供了重要根据。

器口印纹陶器，新石器时代，韩国襄阳鳌山里A文化层出土，高25.8厘米（左），韩国首尔大学博物馆收藏。

器皿口沿处带有纹饰，有的是采用指甲或贝壳等捺压的阴刻花纹，有的是采用宽泥条缠绕的附加堆纹，此类纹饰后来在篦纹陶器上也一直沿用。青铜时代的陶器，器皿口沿处饰指甲纹，烧成后陶器呈现黑色，为烟熏痕迹。

1. 隆起纹陶器，新石器时代，韩国釜山瀛仙洞贝冢出土，高12厘米，第597号国宝，韩国东亚大学博物馆收藏。

隆起纹陶器是在陶坯表面粘贴V形泥条作为装饰，泥条的具体含义至今无从知晓，但朝鲜王朝时期的陶器中也出现了这一V形装饰条纹。此文物成型于距今1万多年至6000年，在迄今为止发现的隆起纹陶器中，属于最佳造型。

2. 隆起纹陶器，绳文时期，日本福冈县春日市门田遗址出土，日本九州历史资料馆收藏。

▼ 早期陶器——隆起纹陶器

隆起纹陶器是朝鲜半岛地区出土的最古老的器皿，用粘贴泥条等方法装饰而成，纹样浮凸于器皿表面，因而被称作隆起纹。新石器时代，陶器上的纹饰没有具体形象，多为波浪线或直线等几何纹，好似20世纪流行的抽象画。

除此之外，8000年前中国新石器时代最古老的遗迹——黄河流域裴李岗遗址出土的附加堆纹陶器，日本最古老的九州绳文陶器也都属于隆起纹陶器。这一考古发现可以证实，新石器时代，一部分人类在东亚地区以狩猎和采摘为生，后来移居到附近或其他更远的地区。考古学家研究发现，新石器时代的早期遗址中，没有农业和畜牧业的痕迹。因此可以推断，当时的朝鲜民族可能还不会农耕或畜牧。

西伯利亚的古代遗址中也出现了类似现象。贝加尔湖和乌拉尔山脉东部的叶尼塞河地区也出土了附加堆纹陶器，这些陶器与朝鲜半岛地区的隆起纹陶器十分相似。因此，根据隆起纹陶器的分布可以推断：也许早期在乌拉尔山脉东侧以狩猎和采摘为生的人类从贝加尔湖一带逐渐南下，经韩国的江原道和东海岸，移居日本九州地区。

▼ 新石器时代代表性文物——篦纹陶器

公元前4000年左右，东亚的江河流域和沿海地区诞生了新的文明。朝鲜半岛的大同江、汉江、洛东江流域和海边均发现了很多古代遗址。生活在这一时期的人类喜欢使用动物骨头等，刻绘抽象的几何纹饰，或者使用篦状工具，刻画出一组组平行线条。篦纹陶器虽然在日本的遗址中也有出土，但大部分出现在朝鲜半岛的江河流域。类似器型也曾在瑞典、土耳其、西伯利亚一带的欧亚文化圈内被发掘出土。篦纹陶器文化圈展现了公元前4000年的人类文化样态，但之前生活的人类是否从隆起纹陶器文化直接过渡到篦纹陶器文化，尚不清楚。

篦纹陶器前后流行了大约3000年，多数采用V字造型，有大、中、小三种，大的约50厘米，中型的约30厘米，小的约20厘米。代表性遗址有首尔岩寺洞和渼沙里。朝鲜半岛隆起纹陶器出土地区较少，而篦纹陶器遍布全域，因此被公认为新石器时代的代表性陶器。

篦纹陶器是最常见的基本器型，成型于公元前4000—公元前1000年，是新石器时代的代表性器皿。这种陶器的大小一般在40厘米左右，大的超过50厘米。

通常情况下，篦纹从器口开始，有两三行用指甲捺压出的花纹，虽然看似用篦状工具划刻而成，但仔细观察可以发现，纹路歪歪斜斜，可见为逐一划刻而成。

随着时代的发展，篦纹纹样也发生了一些变化。公元前4000—公元前3000年，器口、器身中部以及器身下部三个部位均出现了纹样。公元前3000—公元前2000年，器身下部纹样消失。随后，公元前2000—公元前1000年，器身中部纹样完全消失，仅剩器口部分，纹样也从直线变为曲线。

本书第36页显示的篦纹陶器，从纹样排列来看，应该出土于公元前4000—公元前3000年的遗址中。至于篦纹的意义，一直以来众说纷纭，其中最被认可的说法是表示水波纹。此外，也有人认为篦纹代表光和永生。

新石器时代的篦纹陶器一般分布在韩国首尔和中部地区，朝鲜大同

篦纹陶器，公元前3000年左右（新石器时代），韩国首尔岩寺洞出土，高40.5厘米，韩国庆熙大学博物馆收藏。

纹路看似用篦状工具划刻而成，但仔细观察可以发现，每一个纹路之间间隔不等。篦纹可以有效提高陶泥的附着力，从器皿剖面可以看到泥条，证实为堆筑法制作而成。

江和洛东江流域，每个地区各具特色。以V形钵为例，越往南部，器口越宽，越往北侧，底部越平。此类钵型最初被置于海边沙地之上，后来在房子周围挖地放置，用来储存粮食。

然而，出土的陶器中，并未发现炭化稻米或大麦籽等农作物的痕迹，也未发现猪、鸡、鸭等家畜的骨骼，畜牧痕迹全无，只发现了贝壳、鱼骨、狩猎的鹿骨或在海边捕获的鲸鱼骨等。可见，当时的先人们主要从事采摘植物和捕鱼活动，属于早期的游牧民族，并未从事农业活动。但近来，在新石器时代晚期遗址——韩国扶余松菊里发现了一些炭化粟、穄等农业痕迹，由此推断，这一时期农业开始萌芽。

青铜时代的陶器

公元前1000年的遗址中不仅发现了农业痕迹，还发现了更精致的石刀、石箭头、磨制石剑等。同时还有少量的青铜器文物出土，如青铜剑、青铜镜、琵琶式铜剑以及铃铛等。朝鲜境内的义州新岩里是目前朝鲜半岛历史最悠久的青铜器遗址。

值得注意的是，这一时期，农业生产正式开始。在距今两三千年前的所有遗址中，均发现了农具，如石斧等。镐类农具和炭化稻米的出土充分证明，当时的人类已经开始进行农业生产。韩国扶余松菊里遗址中出土了大量的炭化稻种。随着农业生产的全面开展，人类开始大量繁衍，形成村落，并建造蓄水池，解决储水问题。

随着农作物产量的不断增加，粮食存储问题被提上日程，统治阶级随之出现，社会结构开始发生巨大的变化。紧接着，出现了贫富分化，人类也从氏族发展到部落，从部落发展到以郡为单位的城乡。随着社会发展，农业和畜牧业规模不断扩大，在黄海道马山里遗址中还发现了大量的猪骨。

炭化米，韩国扶余松菊里遗址出土。

青铜时代的遗址中出现了与以往不同造型的陶器。V形钵适合在沙滩上使用，但不适用于平地，于是人类开始制造平底器皿。进入青铜时代，器皿底部逐渐变平。这一时期，人们还开始注重器皿的美感，为陶器上色。

壶是青铜时代的代表性器型之一。青铜时代器皿制作开始分化，作为新石器时代的主要器型，钵在青铜时代也被持续烧造，与此同时出现了一种新的器型——壶。壶，俗名罐，器口向内收敛，存储性较好。在生活中，小的罐子被称作坛子，大的罐子被称作缸。

青铜时代的器皿中还有一种彩陶，采用从自然中提取的铁等金属原料进行装饰。红陶和黑陶就属于这一类。红陶是将氧化铁涂在器皿表面，擦

素面陶器，青铜时代，韩国晋阳大坪里遗址出土，高54.5厘米，韩国国立晋州博物馆收藏。

此文物属于史前时代瓮罐中较精致的陶器，后来渐渐发展为缸。器身呈壶形，器口狭小，便于物品存储。此文物为酱缸起源于青铜时代提供了历史依据。

凸纹陶器，青铜时代，韩国首尔可乐洞出土，高35厘米，韩国高丽大学博物馆收藏。
与以往器皿不同，此器皿呈V字形，受北方文化影响，改用平底。虽然器表无篦纹装饰，但器口处仍留有少许篦纹。由黏土混合石英等粗沙子制作而成，在公元前1000年的陶器中随处可见。

拭光滑；黑陶诞生于铁器时代早期，涂上石墨、锰等矿物质，打磨后润泽发亮。

古朝鲜与陶制祭器的出现

1285年，高僧一然所引《古朝鲜记》中，关于檀君的故事有如下记载：天帝的儿子桓雄为造福人间，携风伯、雨师、云师来到世上。风伯和雨师分别掌管风、雨，云师负责施行四季和天气变化。风、雨、云是农业生产的必备要素，桓雄携诸神来到人间，预示着古朝鲜正式进入农耕社会。桓雄将下凡地点选在太白山山顶神檀树下，是因为古代朝鲜民族坚信山顶树木可以连接天地。据说桓雄来到人间时，还携带了三枚神秘的天符印，即青铜剑、青铜镜和青铜铃铛。由此可见，在青铜时代，剑是政治领袖的象征，镜子则是反射"见日之光"的神。

通常，一个青铜器遗址中只有一面镜子，而铃铛却成对出现。镜子和铃铛等神器是祭祀圣物，随着农业生产的全面开展和部落首领的出现，统治者们以此作为权力象征，树立由上天指派管理人间的权威。可见，古朝鲜是一个祭政合一的社会，部落首领兼任主持祭祀活动的祭司。

传说檀君由桓雄和熊女结合而生。众所周知，通过只吃大蒜和艾草，熊在洞穴里坚持100天后变成女子，此女子便是熊女。檀君的故事是朝鲜民族熊图腾崇拜的起源。檀君建立古朝鲜后，前后统治了1500年，后来隐居阿斯达成为山神。这一时期的朝鲜半岛已从新石器时代晚期过渡到青铜时代。檀君神话中古朝鲜相关记载与朝鲜半岛遗址中的文物有着千丝万缕的联系。

从陶器发展史的层面来看，进入青铜时代以后，壶形器皿的出现具有多种意义。古朝鲜成立，早期政治共同体建立以后，祭祀成为统治者最重要的一项活动。祭祀既有天授神权之意，也代表祭祀者的政治身份。祭祀还寓意献上好的祭品，可以取悦神灵，赐福人间。

青铜剑、双头铃、八珠铃、青铜镜， 青铜时代，韩国和顺大谷里遗址出土，第143号国宝，韩国国立中央博物馆收藏（许可编号：中博200708-341）。

在祭政合一的社会里，祭祀是重中之重，祭祀时酒和祭品必不可少。酒具有致幻效果，是通神的媒介，因此在祭祀活动中拥有神圣意义。敬酒需要盛酒的酒器，而祭品也需要合适的器皿盛放，这就为壶的出现奠定了基础。

祭拜神灵虔诚最为重要，每一件陶器的烧造都要精心对待。为制作更加精美的祭器，这一时期，出现了红陶和黑陶等彩色陶器。

史前时代的陶器主要以褐色为主。新石器时代的隆起纹陶器、篦纹陶器以及青铜时代的素面陶器，整体上为褐色。偶尔器表略有黑色，为烟熏后留下的痕迹。陶器以陶土制作而成，陶土中含有大量的氧化铁，野外烧造时，氧化铁与氧气发生反应，呈现褐色。朝鲜半岛的陶器大多采用坯土本色，而中国则盛行华丽的彩陶。尽管朝鲜半岛地区也具备陶器着色技术，但出于对褐色的喜爱，史前时代仍普遍使用褐色陶器。

镂孔纹陶器，青铜时代，韩国京畿道广州渼沙里出土，高44.6厘米，韩国庆熙大学博物馆收藏。

造型美观，器口处饰有一圈大小相同的小孔，器表绘有黑色烟熏纹饰，仿佛一幅抽象画。据推断，当时可能在器口两侧的小孔处系上皮带，用作祭祀时敲打的鼓筒。此类文物主要出土于汉江流域，值得注意的是，器表无几何形篦纹。

8000多年来，朝鲜半岛地区主要使用褐色器皿，这与萨满教在当地的流行密切相关。红色可以驱邪，褐色与红色较为相近，因此一直烧造褐色陶器。这与生活在西伯利亚地区的欧亚民族较为类似，生活方式中无时无刻不体现出对自然和宇宙的关切。萨满教崇拜火神，认为火神可以镇压邪恶，受其影响，朝鲜半岛地区喜欢褐色，在很长时间里流行使用红褐色器皿。

红陶，青铜时代，韩国庆尚道出土，高11.5厘米，韩国成均馆大学博物馆收藏。

形如柿子，壁薄，容量较小，据推断作为祭器使用，而非生活容器。器皿呈红色，红色代表吉祥，富有宗教含义。

第三章

铁器时代的各式器皿

公元前300—公元300年

古代国家雏形初现

第三章主要介绍公元前300年—公元300年的陶器。这一时期青铜器的使用更加频繁，博物馆里随处可见的青铜铃、青铜镜等，大部分为这一时期的文物。这一时期，铁器文化处于萌芽阶段，虽然主要使用青铜器，但同时还使用铁器，考古学上称之为"早期铁器时代"。

在早期铁器时代，东北亚地区发生了巨大变化，朝鲜半岛与中国中原地区的交流正式拉开帷幕。不仅如此，日本的一些遗址中也出土了朝鲜半岛的文物，因此可以推断，古朝鲜与日本的交流也始于这一时期。司马迁的名著《史记》中有关于古代中国中原地区与古代朝鲜半岛地区交流的记载。当时，地处中国北方的燕国与古朝鲜相互往来。据史料记载，公元前323年，燕国与古朝鲜产生冲突。燕国很早就掌握了铁制兵器的制造技术，而古朝鲜只是一个青铜器诸侯国。青铜器在当时是十分重要的礼器，大部分用来祈求风调雨顺，具有宗教意义，无法在战争中实际应用。因此，在燕国秦开将军的攻袭之下，古朝鲜毫无反击之力，退居平壤，势力范围逐渐缩小。这场战争为铁器文化传入朝鲜半岛提供了契机。

据《汉书·地理志》记载，西汉初期，燕国人卫满在古朝鲜地区建立"卫满朝鲜"，大力发展铁器文化。从此，农业和从事兵器生产的手工业更加繁荣，商业开始有了大幅的发展。

中国进入汉朝时期，前后400多年。汉朝始于公元前202年。公元前120年左右，与西域交往日益频繁。这一时期，随着卫满朝鲜的发展壮大，对汉朝中原政权威胁日益高涨，于是汉武帝水陆并进，发动大规模进攻，推翻了卫满朝鲜。卫满朝鲜灭亡后，汉朝从公元前108年开始，以乐浪为中心，设立了汉四郡。从此，中国与朝鲜半岛之间的交流正式开启。

公元前1世纪，铁器正式出现。这一时期的出土文物有铁鱼钩、铁斧、铁矛、镐头和偃月刀等。与此同时，扶余、百济、新罗、伽倻纷纷基于铁器文化建立了国家的雏形。农耕文明正式开启，人口增加、战争四起，铁制品的使用带来了一系列的社会变化。可见，铁器对古代国家的建立功不可没。

朝鲜平壤上里遗址出土的一系列文物，韩国国立中央博物馆收藏。

出土文物中不仅有青铜铃、刀具，还有铁斧、铁鱼钩等，可见公元前300年左右青铜器与铁器同时并用。

各种陶器闪亮登场

这一时期，中国山东半岛的龙山文化开始生产黑陶。受其影响，朝鲜半岛也开始烧造黑陶器皿，将表面黑铅打磨后，在野外挖坑置入陶坯，在不到1000℃的温度下烧造，然后烟熏而成，器表因碳化黑亮如漆。而黑陶最大的特点在于颈部较长，从中可以看出其受中国龙山文化的影响。中国制造长颈青铜壶，用于祭祀时盛酒。朝鲜半岛的黑陶器皿延续了这一特点，但独具匠心，当器皿表面被刮掉时，可以看到灰色胎土。

为解决大钵和陶壶器口脆易碎的问题，在器皿口沿处可以看到泥条缠绕的痕迹，这种造型是素面陶器的延伸。从本书第48页图2的素面陶器图片可以看出，器口部位有一圈泥条，好似加了一道厚厚的垫圈。陶器褐色中略带灰白，证明为野外露天烧造，制作时陶土中掺入了一定量的沙子，因而质地坚硬。史前时代的陶器中，此类造型极为少见，因此格外引人注目。

在陶器的造型方面还有一点值得关注，同一时期的朝鲜半岛陶器造型中出现了长颈壶。长颈壶起源于中国，红陶和彩陶颈部较短，黑陶颈部较长，均吸收了中国陶器的特点。

此外，这一时期还诞生了带柄器皿和高足祭器。大约在2—3世纪，人们开始将酒加热饮用，新罗的器皿上出现镂空，4世纪以后，高足杯正式出现。高足杯是祭祀时盛酒的容器，有灰黑、灰白两种颜色。本书第49页图1右侧高足杯底足较矮，为新罗高足杯的原始造型。

随着百济、新罗的建立，朝鲜半岛陶器的造型更加多样。各国统治者

1. **黑陶**，青铜时代—早期铁器时代，韩国大田槐亭洞出土，高22.5厘米，韩国国立中央博物馆收藏（许可编号：中博200708-341）。
2. **素面陶器**，铁器时代，韩国大田槐亭洞出土，高17厘米（右），韩国国立中央博物馆收藏（许可编号：中博200708-341）。

1. **陶器 高足杯**，早期铁器时代，韩国大邱八达洞出土，高18.8厘米（右），韩国国立庆州博物馆收藏（许可编号：庆博200708-352）。

2. **陶瓮棺**，早期铁器时代，韩国光州新昌洞出土，长40.8厘米（上），韩国国立光州博物馆收藏（许可编号：光博200708-352）。

第一部　第三章　铁器时代的各式器皿　049

俱为卵生的神秘传说对陶器也产生了一定影响。当时，各国纷纷制造了大量的瓮罐。瓮罐造型如蛋壳叠放，形似一颗花生。这一时期也被称为统一新罗以前时期。

陶瓮棺形似花生，体积较小，看似一座孩子的坟墓，但其实不然。据史书记载，朝鲜半岛的马韩和弁韩地区会举行两次葬礼，先将尸体放入木棺，一两年后再把骨头捡出，放入瓮棺。为便于灵魂进出，瓮棺上留有小孔。4—5世纪时，逐渐发展为大型瓮棺。那时，瓮棺不再允许被平民使用，而是成了统治阶级的陵墓。关于瓮棺的起源众说纷纭，有学者认为某种程度上也是受到了中国的影响。

2—3世纪，直立形瓮棺开始出现，工匠将薄厚不一的两个器皿左右对接，里面放入尸体，瓮棺两侧带有两个凸起的角状物。这一时期还诞生了一种新的拍印技法，采用一种叫"陶拍"的棒槌，下面垫上粘石，拍打陶器表面，这样篦纹陶器或素面陶器上就会出现肉眼不易看见的细纹。用陶拍加工过的陶器，器壁坚固，不易破裂，同时又可以留有陶拍的印痕，可谓一举两得。陶拍拍印法在4—6世纪一直使用，这一技术的出现意味着人类的历史正式进入文明时期。

位于朝鲜半岛庆尚道地区的斯卢国是12个小国之一，4世纪奈勿王统治期间（356-402年），建立了庞大的部落联盟，并过渡到国家政权。百济是一个由十个村落组成的国家。最初，各地陶器都极为相似，后来逐渐分化，特色迥异。

进入文明社会以后，陆续出现了一些象形陶器。最初出现的是鸭子造型。通常为实物大小或小于实物，背部设有筒形注水口，尾部还有小孔，

凸角陶瓮棺，2—3世纪（统一新罗以前时期），高28.1厘米，韩国湖林博物馆收藏。

器足较高。据推测，2—3世纪时，陶器开始搭配器座使用。鸭形陶器头部装饰好似罗马士兵的头盔，上面还有两只眼睛。虽有学者认为，这是一般的家禽，但笔者认为，这一造型为模仿野鸭制作而成。此类陶器主要发掘于韩国庆尚道洛东江流域。当时，洛东江流域鸭子成群，是当地人重要的食物来源，人们食用鸭子后，为把鸭子献给神灵，特意烧造鸭子造型的陶器，用来盛酒、行祭、分食祭品。这一传统在朝鲜王朝时期一直延续，将祭祀用的酒器制成象尊或牺尊，祭拜祖先和神灵。

不仅如此，马韩、辰韩、弁韩时期也出现了新的陶器造型，其中之一便是高足壶。壶身带耳，颈部较长，呈罐形，被称作组合壶，统一新罗以前时期的诸多遗址中多有出土。

组合式长颈壶器型沉稳，器身乌黑，看上去坚固耐用。器身上端带耳，口沿外敞，因此可以推断，此陶器用于仪典，而非日常生活容器。当时的陶器大多采用地下穴式烧造法制作而成，较之前更加坚固。

陶窑与陶车的使用

早期铁器时代，陶器烧造技术进一步发展。据推测，当时的制陶方式是在地上挖穴，放入柴火和陶坯，盖上牛马粪便或松树，点火烧制，将浓烟渗入陶器。

窑炉的历史可以追溯到3000—7700年前，朝鲜半岛最早一批的窑址均为地穴式。当时的人在土坡上挖洞，放入泥坯烧造，窑内温度可上升至1000℃左右。有限的空气在密闭空间里燃烧后，剩余的少量氧气持续燃

1. 鸭形陶器，1—2世纪（统一新罗以前时期初期），韩国蔚山中山里出土，高33.2厘米，韩国昌原大学博物馆收藏。
2. 组合式长颈壶陶器，2—3世纪（统一新罗以前时期），韩国金海大成洞古坟群出土，高42.6厘米，韩国庆星大学博物馆收藏。

第一部 第三章 铁器时代的各式器皿 053

烧，这一过程叫作还原烧。

地穴式窑炉的温度最高可达1100℃，可以制作出与史前时代不同的硬质陶器。另外，由于采用高温烧造，陶器呈灰蓝色、灰黑色。

4—6世纪，窑炉烧造技术进一步发展，出现了烧造效果更好的地穴式窑炉。新罗、伽倻等国的各种窑炉遗址中均有地穴式窑炉出土，后来高丽时期和朝鲜王朝时期也得以沿用。

除窑炉还原烧造外，陶车的出现更是在陶器发展史上具有划时代的意义。陶车，又名辘轳车，利用轮盘旋转的离心力作用，制成左右对称的坯体。工具的出现使陶器制作开始走向批量化。辘轳车属于木制品，无法存留至今，但通过陶器上留下的转盘痕迹可以推定，当时制陶使用了辘轳车。

这一时期，中国汉代的制陶工艺经乐浪传入马韩、辰韩、弁韩，对当

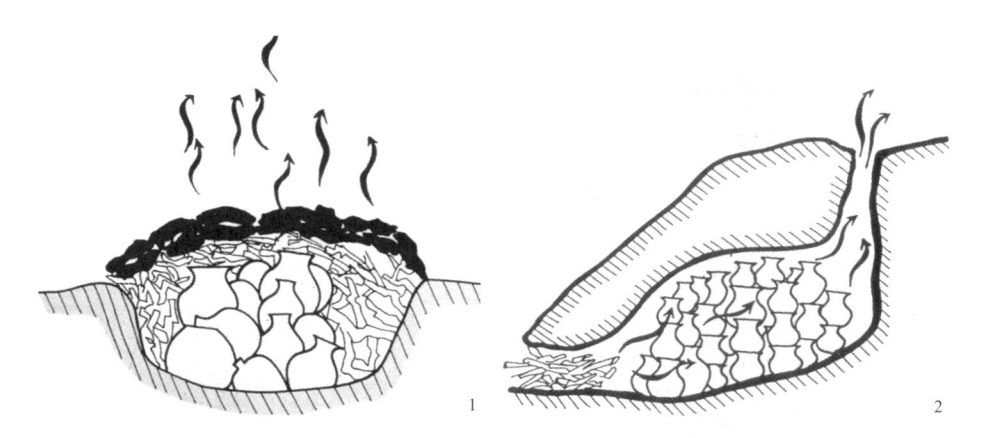

1. 早期铁器时代的陶窑
2. 窑室复原图

地社会产生了巨大影响,也进一步推动了这项技术的发展。正式进入统一新罗以前时期后,特色迥异的各国陶器纷纷登场,预示着各国独特的陶器文化即将启幕。

火炉形陶器,2—3世纪(统一新罗以前时期初期),韩国蔚山下岱44号墓出土,高20厘米,韩国釜山大学博物馆收藏。

器型与长颈壶较为类似,器身呈灰白色,颈部较短,底足外撇,属于罐状容器,稳定性较好,在1000—1100℃的温度下烧造而成。壶上留有转盘痕迹,可见为用辘轳车制作而成。使用辘轳车成型的陶器最早出现于3世纪时期的遗址。新罗、伽倻均使用辘轳车制作此类器型沉稳的陶器。从三韩过渡到统一新罗以前时期烧造的陶器,大多腹部圆鼓,可见,随着时代的发展,朝鲜民族的审美也在不断变化。

第四章

实用美与干练美——百济陶器

公元前1世纪—公元7世纪

经多次调查、发掘，目前百济陶器分散于韩国首尔大学博物馆及其他各大博物馆。因百济曾将都城迁至忠清道地区，韩国国立公州博物馆、公州大学博物馆、国立扶余博物馆等地都藏有熊津与泗沘时期的陶器。全罗道地区也出土了大量百济陶器，在韩国国立全州博物馆、国立光州博物馆、全南大学博物馆、全北大学博物馆等地也可一睹百济陶器的风采。

汉江流域绽放的百济历史

百济古墓中，初期古墓极为罕见，迄今为止发掘出土的百济古墓主要建于300—660年，跨度在大约360年的时间。

4世纪，百济进入全盛时期。经吞并和整合周边势力，逐渐建立国家政权。

1—3世纪，百济首都为今天韩国人所熟悉的风纳土城，包括首尔峨山医院一带。这片地区早年有很多老旧住宅，在拆迁重建过程中，发现这里曾是百济遗址。此后，考古学家们对周边进行调查发掘，发现了大量4世纪以前的文物，据推测，大洪水（译者注：据推测，朝鲜半岛公元30年前后可能发生过较大的洪水）可能就发生于这一时期。

洪水发生后，百济的中心转移到韩国梦村土城，即今天的首尔奥林匹克公园所在地。4世纪以后的百济文物曾在首尔奥林匹克公园一带发掘出土。4—5世纪，这里曾被百济占领，6世纪末至7世纪初又被新罗占据，各式各样文物均有出土。经调查，韩国石村洞的积石冢也建于4—5世纪。据推测，4—5世纪时，百济主要在汉江流域活动，此后进入丽济之战时期。

目前，汉江流域梦村土城等地出土的百济陶器，造型与其他国家的三足器等极为相似，但百济陶器的种类和纹饰更为丰富。这一时期出现了很多圈足器皿，可能被用作器座，以辘轳车成型，为使造型更加美观，再使用木棍敲打，在器表留有各种敲打的痕迹。与新罗陶器和伽倻陶器相比，百济陶器器表质感和造型更加柔和。

4世纪时，百济比流王在位的40年间（304—344年），百济进一步巩固统治基础。近肖古王（346—375年在位）即位后，在360—370年，百济进入鼎盛时期。近肖古王以汉城（首尔）周边地区为基础，攻打全罗道和忠清道地区的土著势力，最终攻入全罗南道康津，将全罗道地区编入百济的疆域版图。然后进军洛东江，将势力范围延伸至伽倻地区，在金海伽倻建立百济的联络据点，与伽倻关系逐渐密切，并开始与日本人进行往来。

百济将势力范围扩张到洛东江地区以后，新罗感到极大的威胁。百济

三足陶器，5世纪（百济时期），韩国首尔梦村土城出土，口沿直径24.9厘米，韩国首尔大学图书馆收藏。
梦村土城发掘出土的三足陶器，据推测为百济祭祀时使用。此文物的出土证实，4—5世纪时百济陶器更加趋于敦实、沉稳。

的近肖古王与伽倻联手向新罗施压，新罗的奈勿王（356—402年在位）以包括庆州在内的辰韩12小国为中心，整合势力对抗百济。在齐心协力抗击百济的过程中，新罗不断发展。百济进军洛东江后，伽倻、新罗以及日本的势力版图也开始发生变化。

近肖古王进一步攻打其他地方政权，越过汉江，跨过临津江，并控制了黄海道地区。在黄海道地区，近肖古王给其他地方政权军队造成了致命的打击。

此外，百济还向东晋选派使臣，开展与中国的交流。

在近肖古王的统治下，百济在东北亚地区的地位不断提高。近肖古王的孙子枕流王（384—385年在位）继位后，在强大国力的基础上，为统一思想，于384年接受了佛教。近肖古王（346—375年在位）和近仇首王（375—384年在位）统治时期，百济持续对外征战。最终，拥有了包括今

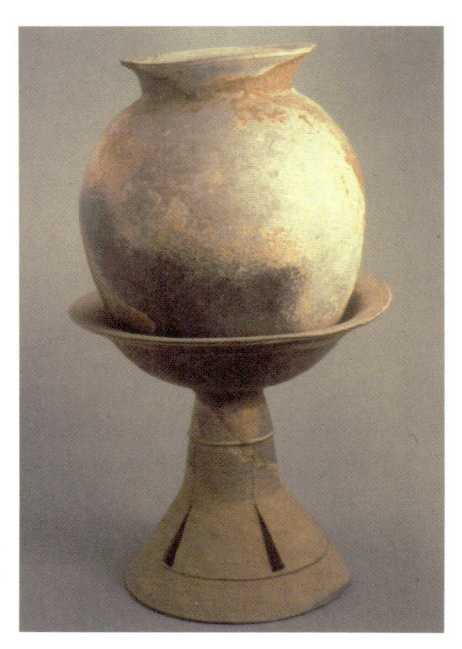

陶缸和器座，6世纪（百济时期），韩国论山新兴洞古墓出土，总高60.5厘米，韩国国立扶余博物馆收藏。

陶坛，3世纪后期（百济时期），韩国首尔可乐洞2号墓出土，高17.5厘米，韩国高丽大学博物馆收藏。器表涂有黑色石墨，后经打磨，器身呈罐形，仿照4—5世纪中国越窑青瓷制作而成。多出土于古墓之中，曾一度被认为是陪葬品。近来在部分生活遗址中也有出土，当时有可能被作为礼器使用。坛子由细黏土制成，器表采用石墨镀膜，包裹陶器，易脱落，难以在实际生活中应用。

天的京畿、忠清、全罗道和洛东江中游地区、江原、黄海道部分地区在内的广阔领土。但不久之后，由于其他地方政权的不断征伐，百济的领土扩张也随之停止。

5世纪后期，百济出现了一位非常特殊的国王——盖卤王（455—475年在位）。盖卤王在位时，在汉江流域修建了大量的古墓，进一步修缮了梦村土城。这一时期，百济为抵抗其他地方政权，不断充实自身实力。但一切都因盖卤王的个人喜好而毁于一旦。盖卤王由于沉迷围棋，不理朝政，后来遭受周边国家突袭，失去了汉江流域。盖卤王的儿子牟都（此后的文周王）立即前往新罗求助，但最终都城沦陷，百济只好迁都熊津。此时，盖卤王的次子余昆东渡日本，百济以此为契机，扩大了对日本的影响力。5世纪末，余昆的儿子武宁王（501—523年在位）在日期间，两国的交流进一步增强。

汉江流域被占领后，文周王（475—477年在位）时期，百济在锦江流域构筑了第二道防线。这道防线便是熊津，即现在的韩国忠清南道公州。熊津群山环绕，以锦江为防线，处于防守的绝佳地理位置。

1—3世纪，百济初期的文物留存甚少，且大多发掘于汉江流域。5世纪以后，受迁都影响，文物大多出土于忠清道以南地区。百济建于公元前18年，到475年左右，在汉江流域势力减弱，后实际统治首尔地区近500年。百济遗留在汉江流域的古迹主要有，如今的韩国可乐洞农水产品市场和九宜洞、中梁川、石村洞以及芳荑洞一带的古墓群。汉江流域出土的4—5世纪百济文物现在大多藏于韩国高丽大学博物馆，还有一部分由其他大学博物馆发掘后，分散收藏。

一般大家认为首尔拥有600年的历史，但如果准确计算的话，应该从公元前18年百济定都开始。600年只计算了朝鲜王朝时期，严格来说，首尔是一个具有2000多年悠久历史的古都。

百济与中、日的交流

百济的第二个鼎盛时期是475—538年，主要以熊津地区为中心，约60年。正因如此，今天的韩国公州地区出土了大量5世纪后半期至6世纪中期的百济文物。当时百济的王都位于汉江流域，很难统治全罗道地区。后来京畿道地区被占，迁都公州后，百济开始征服全罗道地区。出于这些政治因素，韩国蟾津江和荣山江一带出土了许多百济文物。5世纪后半期至6世纪时期的百济文物在全罗道地区大量出土，与百济势力范围的变迁密切相关。

百济东城王（479—501年在位）时期设置"担鲁"（译者注：地方行政机构），派遣王族到各地担任地方官，将百济的王室文化传播到都城以外的各个地区。此后，各地出土了百济的瓦片、陶器等各种文物。韩国忠南扶余官北里遗址是研究百济文化最为重要的考古资料。熊津时期60多年的时间里，百济有力地阻止了其他地方政权的入侵，通过大力发展湖南（译者注：全罗北道、全罗南道的总称）地区，国家实力极大增强。

熊津时期，百济为重新夺回汉江流域，与日本保持着更加紧密的联系。基于这一背景，在日本生活了40多年的百济武宁王回国，登上王位，开始了对百济的统治。后来，武宁王的儿子圣王（523—554年在位）继位，频频向日本示好，不仅向日本传播佛教，派遣五经博士，还向日本传授瓦片等当时先进事物的制造技术，为百济和日本结为军事同盟奠定了重要基础。如今,在日本大阪、奈良一带的百济神社、百济汽车站、百济地铁站等地依然留有百济的痕迹。

为夺回失去的国土,巩固势力,百济接受了中国南朝的文化。在武宁王和圣王时期的百济遗址中出土了很多中国文物。统一新罗以前时期的百济文物中,以陶瓷类最多,可见中国文化已深入当时百济人的日常生活之中。

通过与中国和日本的经济文化交流,百济国家实力迅速壮大。圣王认为,百济的中心地——熊津地域过于狭小,538年百济迁都泗沘(扶余)。迁都后,圣王确立了百济的地方行政制度,通过佛教进行思想统

陶瓮棺,4—5世纪(马韩时期),韩国全罗南道出土,高1.5—3米,韩国国立光州博物馆收藏。
此瓮棺器型圆硕,是百济陶器的代表之作。器表刻有密密麻麻的锯齿纹,厚7—8厘米。在罗州地区还发现了烧造此类大型瓮棺的陶窑。此类瓮棺出土于荣山江流域,据推测,当时主要被马韩地区的统治阶层使用。如此超大器物的出土证实了当时百济窑业技术的先进。

治。此后，作为一个佛教国家，百济建立了强大的政权。国力稳定的愿望实现后，圣王回到北方地区，企图夺回原国都所在地。551年，百济与新罗、纳泽结为军事同盟，试图攻取汉江流域。百济军队和新罗军队分别在汉江下游和汉江中上游向其他地方政权军队发起进攻，时隔75年，百济终于重新夺回汉江流域。

相反，新罗对百济占据汉江流域十分不满。新罗的真兴王认为，如果百济占领汉江流域，新罗就无法与中国直接往来，在各国间的竞争中会处于不利之地。为了新罗今后的发展，占领汉江流域意义重大。于是，新罗背信弃义，破坏与百济120年的盟友关系，在未对百济宣战的情况下，以5万精兵击溃百济，百济的3万多官兵全部被杀。554年，圣王带领仅剩的3万士卒亲征新罗，但遭遇埋伏，还未来得及迎战，便在沃川地区去世。

从此以后，百济王权旁落，势力大衰。随着百济贵族势力日益膨胀，

百济遗址中出土的中国青瓷，4世纪，韩国国立中央博物馆收藏（许可编号：中博200708-341）。
百济遗址中挖掘出土了许多中国瓷器，这只青瓷盘口瓶便是其中之一。此文物为盘口，长圆腹，口沿部有黑色点彩装饰。下端右侧有一只青瓷羊尊，出土于原州法泉里，从年代上看，是中国东晋时期浙江越窑制作的典型器型。下端左侧是一件青瓷砚台，据说为扶余出土文物，制作年代应稍晚于上述两件，推测为六朝时期所制。

王权进一步削弱。据《日本书纪》记载：百济之所以为新罗所逼，皆因"建邦神者，自天降来造立国家之神"，而今"辍而不祀"所致，这一文献内容也从侧面反映出百济统治阶级未能克服当时的困难。

百济统治阶级的王权被大幅侵蚀和削弱后，不得不依赖佛教的力量。今天，扶余附近地区的大部分百济佛像属于6世纪后半期样式。扶余陵山里出土的百济金铜大香炉也制作于6世纪后期百济威德王在位时期（554—598年），瑞山磨崖佛也于这一时期建设完成。从整个百济的历史来看，6世纪后期并未发生任何历史性事件。扶余的定林寺塔则可以称为6世纪后期百济文化的代表。定林寺塔的建造年代不详，这一时期修建了很多寺庙和佛塔，因此推测定林寺塔也建成于这一时期。然而无论是大力发展佛教，还是加强与日本之间的交流，都未能使没落的百济王权得以恢复。这一时期由于贵族之间激烈的明争暗斗，王权更是交替频繁。

在这一极为混乱的时期，薯童（百济武王的乳名，600—641年在位）即位，成为百济王。薯童虽为王族，但即位前因是寡妇之子，只能以卖红薯为生，生活极为窘迫。600年前后，贵族们帮助未受过教育的薯童登上百济王位后，更加肆无忌惮地进行干政。

据说薯童从小相貌英俊，一直梦想迎娶新罗最美丽的女人——真平王的三女儿善花公主为妻。据史书记载，某一天，薯童挖了很多红薯，扛在肩上来到庆州。到了庆州，叫来一些孩童，给他们每人一个红薯，命他们传唱《薯童谣》，中伤善花公主。歌谣传开后，新罗国王听闻善花公主品行不端，将其驱逐出宫。善花公主被逐出宫门那天，她母亲把金子磨成金粉，放进口袋，交给善花公主。善花公主被流放后，终于与等待已久的薯童相见。善花公主与薯童结婚后，协助薯童登基为王。

陶俑，6—7世纪（百济时期），韩国正林寺址出土，韩国国立扶余博物馆收藏。
用黏土制成的人物造型。女俑头像呈灰白色，与6世纪的百济佛像十分相似，面部浑圆。虽仅巴掌大小，但低垂的视线处理以及丰满的面颊，显得平和、逼真。通过这些文物可以看出，百济的艺术文化已达到很高的水平。

薯童即位后，为牵制扶余的旧势力，计划将都城迁往自己的出生地——益山，那里在当时很不起眼。薯童即位后，首先在今天韩国的弥勒寺旧址附近选址建造王宫。考古学家对该王宫遗址进行调查挖掘，发现了一面长360米的围墙，里面坐落着一座五层塔，据推测以前曾有一座寺庙与王宫相连。此外，薯童还在王宫附近精心打造了一座寺庙，即弥勒寺。弥勒寺的建造一方面是为了让饱受打击的百济人重振士气，另一方面也希望借助未来佛——弥勒佛的力量，再次恢复百济国力。

后来，百济义慈王（641—660年在位）继位，攻陷陕川。当时统治新罗的善德女王（632—647年在位）向唐朝请求援助。640年左右，在百济的攻击下，新罗陷入不利。韩国国宝——百济半跏思惟菩萨像建于7世纪初。最初，人们在汉江流域发现了5世纪初的百济文物，随后，在锦江周边的公州、扶余、益山一带又发现了5世纪末至7世纪的百济文物。百济陶器后来对伽倻产生了很大影响，伽倻陶器中很多部分与百济陶器造型相似。

6—7世纪制造的日本陶器也沿袭了百济的造型，百济的造型审美艺术在当时日本的须惠器上一览无余。百济、新罗、伽倻的金属工艺高度成熟，熟练掌握了高温空气燃烧技术，这一技术在窑业上得以直接应用。工匠们开始在1000℃以上的高温下烧造陶器，经高温后，陶器变得更加坚硬。燃烧过程中使用木材作为燃料，木材中的玻璃态物质自然溶解，在陶器器面形成一层玻璃相薄膜，使陶器表面仿佛施釉一般。

硬质陶器高温烧造技术传到日本后，催生了须惠器，其成为日本古坟时期的标志性文物。日本的须惠器同时还受到中国南朝陶器的影响。南朝陶器促进了百济制陶工艺的进步，后来，百济陶器又对伽倻陶器和日本陶器产生了影响。因此，不了解百济陶器便无法真正了解伽倻和日本的陶器。

硬质陶器几乎全为灰青色。烧造此类陶器，需要半地下登窑。在统一新罗以前，早期一般在窑穴中烧造陶器，在山坡上挖洞，放置陶坯，然后在上面建窑，让烟气和火苗能够向外排出。烧造温度通常低于1000℃。

须惠器缶，日本古坟时期中期，高17.8厘米，日本爱知县陶瓷资料馆收藏。
此须惠器与百济陶缶外形相似。通过现存的各种文物可以看出，百济对日本影响较大。

登窑于统一新罗以前时期开始使用,直到朝鲜王朝时期,前后沿用了2000多年。这一时期,人们改为在斜坡上挖洞,在上面建造窑盖。登窑技术出现后,陶工们便可以在1000℃以上的温度下烧造陶器。该技术利用山体自然斜坡,使人们便于控制火势,可以比传统窑穴可以更加严格地控制氧气流入。

下图的文物看似烟囱,实际上是放置大型陶缸的器座。百济器座普遍使用三角形镂孔。这种器座对日本陶器也产生了很大影响。日本近畿地区的大型前方后圆坟周围,出土了大量类似造型的文物。新罗采用四方形镂孔装饰器座,而伽倻的器座镂孔则为三角形和四方形混合使用。比较各国陶器器座,会有很多有趣的发现。

陶器器座,5世纪(百济时期),韩国首尔梦村土城出土,高49.5厘米,韩国首尔大学博物馆收藏。

陶器器座，6世纪（百济时期），韩国公州松山里出土，高69厘米，韩国国立中央博物馆收藏。

本书第69页的文物为喇叭形器座,器身上部贴有蕨菜纹样装饰,器腹有圆形镂孔。此类陶器传入伽倻地区以后,衍生出各式造型。

　　下图的镂孔陶器是百济祭祀遗址中经常出土的器型。其特点是口沿向外延展,大于器身。据推测,该器型用于盟誓祭仪仪式上,盛放动物血液以便饮用。瓶身有孔,无其他注水口,可能用来插入竹子或芦苇等管状器物。

镂孔陶器,7世纪(百济时期),韩国光州月溪洞出土,高18.4厘米,韩国国立中央博物馆收藏。

下图的陶虎子以其形似伏虎而得名,发掘于扶余地区,用作男性便器。陶虎的发现可以证实,陶器已深入百济人生活的细微之处。

陶虎子,7世纪(百济时期),韩国扶余军守里出土,高25.7厘米,韩国国立扶余博物馆收藏。

第五章

杰出的造型之美——伽倻和新罗陶器

公元前1—公元7世纪

伽倻和新罗的陶器大多出土于韩国庆尚道地区。新罗原位于洛东江东侧，征服周边小国扩展领土组建而成。新罗陶器主要出土于韩国大邱或庆州等地，伽倻陶器主要集中出土于洛东江西侧，高灵或咸安、晋州、昌原、河东一带。伽倻和新罗的陶器大多颜色较深，器表泛青，造型多样，令人印象深刻。有朝鲜半岛文物馆藏的国外博物馆中，大多展陈新罗陶器。此外，尽管韩国国内对伽倻历史研究较少，但出土的伽倻陶器不仅个性十足，而且器型多样。

▼ 伽倻陶器的520年历史

伽倻建于42年，562年灭亡，在洛东江西侧地区创造了长达520年的历史，但关于伽倻的文献记载相对较少。事实上，作为韩国历史的一部分，伽倻并没有受到应有的重视。

伽倻坐落于洛东江下游，在铁器文化的加持下，农业生产不断发展，周边部族逐步实现统一。2世纪以后，出现了多个小的城邦。3世纪时，这些城邦进一步整合，以金海地区的金官伽倻为中心，发展成为联盟。但由于组成伽倻的6个小国势力均衡，因此彼此之间政治独立。

金冠，5—6世纪（伽倻时期），据悉为韩国高灵出土，高11.5厘米，第138号国宝，韩国三星leeum美术馆收藏。
金冠是伽倻独立文化的一部分。除此金冠外，随葬品中还有大量的陶器。

第一部　第五章　杰出的造型之美——伽倻和新罗陶器　073

受新罗和百济两个大国的影响，伽倻未能实现统一，也未能发展为政权国家，但伽倻很早就开始种植水稻，发展农耕文化，通过制造铁器和开展海上中转贸易，确保了国家的稳定，留下了比其他国家更加独特、美丽的文化遗产。伽倻陶器从整体上来说，融合了百济和新罗陶器的特征，但又独具个性。在造型和美感方面，伽倻陶器尤为突出。韩国国立金海博物馆内陈列着各种各样精致的伽倻陶器。伽倻陶器的发展与成熟，与国家建立密不可分。

伽倻的历史可以追溯到42年，从金首露王以金海为中心建立金官伽倻开始。伽倻的海上交流相比其他国家更为活跃。金首露王的王妃名叫许黄玉，来自古印度阿踰陀国。今天位于金海的王妃陵上雕刻的双鱼纹便是阿踰陀国纹章，这也是伽倻广泛吸收其他地区文化的最好见证。汉代乐浪遗址中出土的金铜器在金海良洞里古墓中也有出土，可见当时伽倻的贸易十

手柄高足杯，5世纪（伽倻时期），高22.6厘米，韩国湖林博物馆收藏。
此伽倻高足杯手柄华丽，富有创意，是伽倻陶器独有的特征。伽倻冶铁技术精湛，用于制造各种硬质陶器。此文物器型虽小，却不乏精致的造型之美。

分发达。不仅如此，伽倻与日本还进行了广泛的交流。

在朝鲜半岛，茶叶的起源一般可以追溯到9世纪，入唐回使大廉带回茶种，种植于智异山。但史书中记载，金首露王的王妃许黄玉从印度阿踰陀国带来茶种，在金海的白山上种植。根据这一记载，茶文化研究者们认为，朝鲜半岛茶叶的历史始于1世纪，至今已有2000多年。不仅如此，一般认为佛教于4世纪后期传入朝鲜半岛，但也有学者认为，佛像从印度传入朝鲜半岛的时间为1世纪左右。但无论如何，海外交流为伽倻的文化发展提供了肥沃的土壤。

伽倻地区拥有丰富的铁矿资源。考古发现，伽倻不仅出口铁矿，而且随着伽倻统治阶层移居日本，带动了日本当地的铁器生产。伽倻通过出口铁矿等海上贸易积累了大量的财富，以金官伽倻为中心，势力逐渐增强。4世纪时，甚至一度对新罗造成了威胁。

400年，百济将势力范围延伸到伽倻地区，联合伽倻、日本共同攻打新罗。新罗不得已向其他政权求援，在洛东江流域对金官伽倻发起进攻。

铁甲，5世纪（伽倻时期），韩国庆州九政洞出土，韩国国立中央博物馆收藏（许可编号：中博200708-341）。此铠甲出土于伽倻坟墓。在日本九州和近畿地区发现了许多与伽倻铠甲类似的文物。相比日本，伽倻文物工艺更加精致。因此考古学研究人员推断，早期日本文化的形成受伽倻影响极大。

第一部　第五章　杰出的造型之美——伽倻和新罗陶器　　075

洛东江流域是这一时期的政治要塞。

在与新罗的战争中失败后，532年，伽倻的盟主——金官伽倻被新罗吞并。金官伽倻灭亡后，伽倻联盟虽然围绕大伽倻的中心（今韩国高灵）得以复兴，但在百济与新罗的交锋中，一直未能壮大势力，562年被新罗收编。

伽倻虽然未能成为政权国家，但拥有丰富的资源，在韩国南海岸地区开展了大量的对外贸易，因此比其他国家更加开放，文化更为多样。伽倻很早就开展了海上贸易，并将贸易范围扩大到相邻的中国和日本。

当时，日本由许多小部落国家组成，从伽倻和百济吸收了很多朝鲜半岛的先进文化，为形成古代国家奠定了基础。伽倻很早就通过海上贸易积累了一定的经济实力，向日本传播铁器和陶瓷制作技术。

弁韩地区盛产铁矿，为朝鲜半岛铁器文化的发展创造了条件。盔甲是伽倻的代表性文物，在5世纪时期的日本遗址中，竟然也出土了与伽倻造型和制作方式相同的盔甲、农具和陶器等。

另一方面，日本古坟时期的须惠器与伽倻陶器几乎同时出现。据推测，伽倻陶器在胎土、制作、色彩、造型、纹饰等方面均对须惠器的制造产生了极大影响。

1992年，日本东京国立博物馆举办了一场伽倻文化展，该展览揭示了伽倻文化与日本古代文化之间的关联，在当地引起了强烈反响。

从时代脉络来看，1—4世纪初，以金海为中心的金官伽倻主要制作软质陶器。4—6世纪，前后200年的时间里主要制作灰黑色长颈壶等硬质陶器。现在众所周知的伽倻陶器主要制作于这一时期，器型整体偏小。

伽倻陶器如同其国家的历史命运，也深受新罗和百济的影响。但在器

1. 须惠器高足杯，日本古坟时期中期，高19.2厘米，日本大阪府教育委员会收藏。
随着精湛的手工业技术从朝鲜半岛传入日本，日本文化迅速发展。日本接受了以伽倻为代表的朝鲜半岛文化。

2. 陶器高足杯，5世纪（伽倻时期），韩国东莱福泉洞25号墓出土，高24厘米，韩国釜山大学博物馆收藏。
伽倻高足杯和新罗高足杯造型相似，仅细节上略显地区差异。伽倻高足杯的镂孔大多呈平行排列，而新罗高足杯的镂孔则为交错排列。

1 陶杯，5世纪（伽倻时期），高10.6厘米，韩国湖林博物馆收藏。

5—6世纪初烧制的伽倻陶杯，造型极具创意。蕨菜形手柄是陶杯上的点睛之笔。

2 陶器器座，5世纪（伽倻时期），高52.3厘米，韩国湖林博物馆收藏。

器座用于放置长颈壶或盛放祭拜神灵的供品。伽倻陶器的器座通常带有各种装饰或镂孔，镂孔形状不同，约40—60厘米之间，大小不等。伽倻的器座造型不仅对百济产生了极大影响，后来还传入新罗。这些造型多样的器座诉说着伽倻厚重的历史和时尚的艺术审美。

型和色彩方面与新罗关系更为密切。伽倻拥有灿烂的铁器文化，伽倻人能够在高温窑炉内锻造铁器制品，并运用这一技术烧造坚硬的陶器。伽倻陶器造型丰富多样，被广泛应用于当时普通百姓生活的方方面面。

同时，伽倻陶器也对新罗和百济的陶器产生了极大影响，伽倻的乐器——伽倻琴，被乐师于勒带到新罗以后，成为新罗大乐。新罗流行的陶偶，是在伽倻鸭形陶器等文物的影响下，改造为骑马人物形陶器，并不断发展。

新罗陶器在6—7世纪以后逐渐发展成熟。这一过程中，伽倻的影响十分深远。在伽倻陶器中，尤其值得关注的是陶器高足上的小孔，这些小孔被称作镂孔。百济陶器大多采用三角形镂孔，新罗陶器采用长方形镂孔，而伽倻陶器则是三角形和四方形镂孔混合使用。

金海地区曾出土一对鸭形陶器，此类造型的陶器一般是用来盛酒献给神灵的祭器。除鸭形陶器外，还有马形陶器。从这些动物造型可以看出，伽倻人认为，动物焚烧后，灵魂可以去往阴间。最初的动物造型比较简单，后来慢慢发展为骑马人物形陶器，形象更为复杂、逼真。骑马人物形陶器的特征是马腿粗短，骑马人身披铠甲。6世纪时，新罗也出现了骑马人物形陶器，此外还有动物俑、骑马人物俑以及车轮陶器等。

房屋形陶器可以视作"谷仓"或"魂屋"。房屋形陶器与鸭形陶器、船形陶器一样，也是伽倻人墓穴中的陪葬品。房屋形陶器属于一种高床式陶器，在地面上竖立几根柱子，然后放上建筑物。5—6世纪时的伽倻建筑可以参考今天的日本昭仁正仓院，日本昭仁正仓院是典型的高床式建筑。

伽倻文物中有很多船形陶器。据推测，伽倻人为渡过玄海滩，曾制造过此类形状的船只。5—6世纪前半叶，伽倻制造了大量的象形陶器，对新罗也产生了一定的影响。

1. **鸭形陶器**，5—6世纪（伽倻时期），据悉为韩国庆尚南道金海出土，高15.7厘米（左），16.5厘米（右），韩国国立中央博物馆收藏（许可编号：中博200708-341）。
2. **房屋形陶器**，5世纪（伽倻时期），高15.5厘米，韩国湖林博物馆收藏。

◣ 成就国家统一的新罗陶器

新罗的前身叫斯卢国，最早由朴赫居世整合6个村落组建而成，势力主要集中在朴氏、昔氏、金氏三大家族之中。3世纪后期，味邹王（262—284年在位）时期，王位由金氏家族独占，其成为统治势力。到4世纪奈勿王时期，辰韩由12个小国合并为新罗。在古代，庆州地区的草原原为放牛场，因而新罗也被称为"牛之野"，在中国音译为"徐罗伐"。如今的"首尔"一词也由"徐罗伐"派生而来。笔者认为，12个小国合并组建联合体是周边国家伽倻不断壮大以及百济势力扩张带来的威胁所致。

新罗金氏家族独揽王权后，为宣扬国威，在庆州月城一带建造了许多大型坟墓。通过古墓的规模可见当时统治阶层势力之大。巨型古墓的建造在6世纪前半叶达到顶峰，天马冢、皇南大冢是5—6世纪新罗强大王权的最好体现。

庆州一带的王陵中，有时一个坟墓里最多出土300多件陶器。其中的高足杯、长颈壶等文物，于国王的丧葬仪式结束后，会被放入墓中作为陪葬。尤其是5世纪时修建的庆州古墓对周边小国产生了极大影响。庆山仁堂洞古墓中出土了200余件新罗陶器，但经比对发现，离庆州越远，新罗陶器造型变化越大。

短颈壶是新罗普遍使用的一种器型。4—5世纪时，短颈壶以圆底为主，6世纪时大多采用尖底，目前出土的此类器型主要作为大型储藏容器，插入泥土中固定使用。

5世纪后半叶至6世纪前半叶制造的长颈壶与伽倻长颈壶相比，器口较小，器身上附有各式陶偶装饰。本书第83页长颈壶肩部装饰的陶偶有伽

皇南大冢全景
新罗王陵中罕见的双墓造型。新罗坟墓属于木椁积石冢，因无法建成合葬墓，不得已采用双峰骆驼造型建造国王和王妃的坟墓。皇南大冢是一座大规模王陵，看上去像一座小丘陵。朴正民（音译）

伽琴弹奏、乌龟、蜥蜴、蛇、青蛙、男女交合等造型，还有蟾蜍大战毒蛇反遭生吞的场景，以及蟾蜍以蛇身为家，产卵孵子的情景，有祈愿多产之意。

  偶有学者认为，陶偶为另行单独制作，其实不然。在人形陶俑中，女俑突出裙子和胸部，男俑则凸显性器官和发髻。除陶偶外，器表纹饰也值得关注。如上文所提及的长颈壶壶身刻有5条直线纹，纹样装饰简洁优美，在新罗陶器中十分常见。此类陶器多为灰青色。

  6世纪制作的长颈壶中，有的颈部呈圆筒形，下面接有圈足。长颈壶造型各异，一般40—50厘米，壶体较大，庄重雄伟，带盖，底足上有镂孔。上下两段式的镂孔通常不采用平行排列，而呈交错排列。

  新罗高足杯的主要特点是镂孔交错排列，杯盖和底足造型类似。6世

陶偶装饰长颈壶，5世纪（新罗时期），韩国庆州皇南洞古墓出土，第195号国宝，高34厘米，韩国国立庆州博物馆收藏（许可编号：庆博200708-108）。

陶偶装饰高足杯，6世纪（新罗时期），高15.8厘米，韩国湖林博物馆收藏。

纪时制作的新罗陶器造型更加华丽，陶偶装饰更加丰富。交错排列的镂孔、直线形阴刻纹饰以及陶偶装饰是5世纪后半期至6世纪新罗高足杯主要采用的装饰元素。之后受伽倻影响，新罗也开始制造象形陶器。

6世纪，朝鲜半岛的古代社会在很多方面都发生了一系列变化。6世纪是新罗的鼎盛时期，整个社会得以巨大发展。智证王（500—514年在位）鼓励农耕和畜牧，禁止殉葬。法兴王（514—540年在位）颁布律令，接受佛教，确立了治国理念。532年，新罗吞并金官伽倻，将版图扩展到洛东江地区，同时继续攻打大伽倻。国家雏形的形成、精神思想的统一为新罗成长为古代国家奠定了坚实的基础。真兴王在位期间（540—576年），新罗势力进一步膨胀，召集人才组建花郎徒，在汉江流域击退其他地方政权势力，为国家统一奠定了基础。

真平王执政50余年（579—632年），进一步推行佛教，改革骨品制度（译者注：古时朝鲜新罗实行的一种严苛的以血缘关系为纽带决定政治地

1. 陶器男俑，5—6世纪（新罗时期），高12.2厘米，韩国国立中央博物馆收藏。
2. 陶器女俑，5—6世纪（新罗时期），高4.5厘米，韩国国立中央博物馆收藏。
左侧男俑正怀抱乐器演奏，右侧女俑胸部和阴部特征明显。眼部和嘴部仅以几条阴刻凹纹表示、眼睛眯缝、嘴巴张开，仿佛在为死者歌唱，似乎伴有长声哭泣，给人神秘之感。

位和社会地位的社会等级制度）等行政体制。位于庆州南山的佛教雕刻及半跏袈裟遗像均为真平王时期的文物，通过这些作品可以感受到当时新罗灿烂的文化。继真平王、善德女王、武烈王之后，到7世纪中叶文武王在位时期，新罗文化得到了空前的发展，于676年实现了国家统一。

统一新罗时期的陶器造型起源于古新罗陶器，与伽倻的陶器造型基本相似，庄重、威严，宗教元素更为丰富，但略显呆板。当然，这也是因为新罗陶器特有的细密平行线条纹所致。细密平行线条纹也称"篦划纹"，是采用类似篦梳等工具刻、压出的细密平行线条，线条之间间隔大小几乎相等。新罗陶器大多采用这种平行线条及象形陶偶装饰，与写实型象形陶偶不同的是，平行线条代表一种抽象意义。与伽倻陶器相比，新罗陶器种类较少，造型呆板，但这种写实与抽象相结合的装饰风格却是新罗陶器独有的特点。

骑马人物形陶器，6世纪（新罗时期），韩国庆州金铃冢出土，第91号国宝，高23.5厘米，韩国国立中央博物馆收藏（许可编号：中博200708-341）。

此骑马人物形陶器出土于庆州金铃冢，一起出土的还有一个小金冠，寓意墓穴主人骑马去往阴间。骑马人身后，有一个漏斗形酒杯。向其内注酒，酒从胸部注口流出，马臀上突起的尾部用作手柄。该陶器共出土两件，头饰略有不同，另一件是护卫或侍从。这种具有象征意义的象形陶器和装饰，体现出伽倻对新罗陶器文化的影响。

第六章

统一新罗与高丽陶器

7—14世纪

新罗统一与华严思想

为更好地了解统一新罗陶器,有必要考察新罗统一前后君王的活动、佛教的宗教影响及其政治地位。第六章将基于640年前后的政治版图,溯源新罗统一的历史。

面对百济义慈王的入侵,新罗善德女王向唐朝求助,最终统一了朝鲜半岛。据说,皇龙寺(位于现韩国庆州)九层塔的建造寄托了新罗人渴望遏制百济和其他地方政权的愿望,可见各国之间博弈态势激烈。新罗末期,政治腐败、朝政管理混乱,真德女王在位时期(647—654年),新罗发生叛乱,金春秋聚集政治势力后,顺利登上王位,是为太宗武烈王(654—661年在位)。此后,文武王(661—681年在位)和神文王(681—692年在位)进一步巩固金氏王权,肃清反对势力,确立了专制王权。

527年法兴王在位时期,佛教被新罗正式接纳。统一新罗时期,随着大众对佛教认识的不断加深,佛教思想体系在新罗本土逐渐建立起来。尤其是义湘(625—702年)和元晓(617—686年)为佛教的发展做出了巨大贡献。义湘以特权阶级真骨身份人士为主导,创立海东华严宗。华严思想主张宇宙万象相即相入,"一即多,多即一"。这一思想让人不禁联想到指挥家协调不同的乐器,演奏交响乐。

义湘著有《华严一乘法界图》,是海东华严思想的重要文献,不仅创立了新罗本土的佛教思想,还为国家统一奠定了强大的思想基础。华严思想为专制王权的建立做出了贡献,使原本在朴、昔、金三大家族中分散的新罗权力体制,完全由金氏家族独占。682年,神文王即位,确立专制王权后，历经圣德王、景德王，一直不断延续。

　　景德王（742—765年在位）时期，王权达到巅峰，铸造了圣德大王神钟，并建造了石窟庵和佛国寺，由此可见佛教已成功扎根新罗。石窟庵中央有一座释迦牟尼佛像，佛像周围有菩萨、弟子、四天王和仁王像。通过空间布局彰显释迦在宇宙中的中心地位。此外，佛国寺的多宝塔是统一国家权威的集中体现。佛国寺建于高高的筑台之上，代表至高无上的专制王权。在华严寺和佛国寺也能感受到多种文化交融的和谐之美。

　　元晓则打破新罗佛教的贵族意识，努力将佛法广布于民间。新罗末期，政治混乱、朝政腐败，平民的课税负担进一步加重，社会上厌世主义倾向愈加浓烈。元晓深入平民生活，传授"念诵'南无阿弥陀佛'，即可往生极乐世界"的佛教思想，让平民获得精神慰藉与信仰支撑。

▼ 佛教的流行与骨壶的制作

　　要想了解统一新罗时期的陶器，需要从新罗社会的发展中找寻答案。

韩国石窟庵本尊佛

新罗统一后，融合各国文化，创作了一系列具有代表性的作品。仁王像、八部神众、四天王、菩萨、十大弟子等，在本尊佛周围有序排列。石窟庵形象地再现了宇宙万象皈依佛祖的华严思想。

这一时期的装饰纹样以印花纹为主，火葬用器数量明显增多。佛教信仰的广泛传播，社会上开始流行荼毗，即火葬，意为让肉身实现解脱。新罗文武王（661—681年在位）的大王岩海底陵墓便是采用火葬这一形式。火葬后，将骨灰放入带盖陶器（盒、骨壶）中，埋入庆州南山一带。当时的新罗人认为，该地是佛国净土，藏在其中的人会极乐往生。

在新罗统一前后，7世纪后半叶至8世纪使用的骨壶中，印花纹显著增

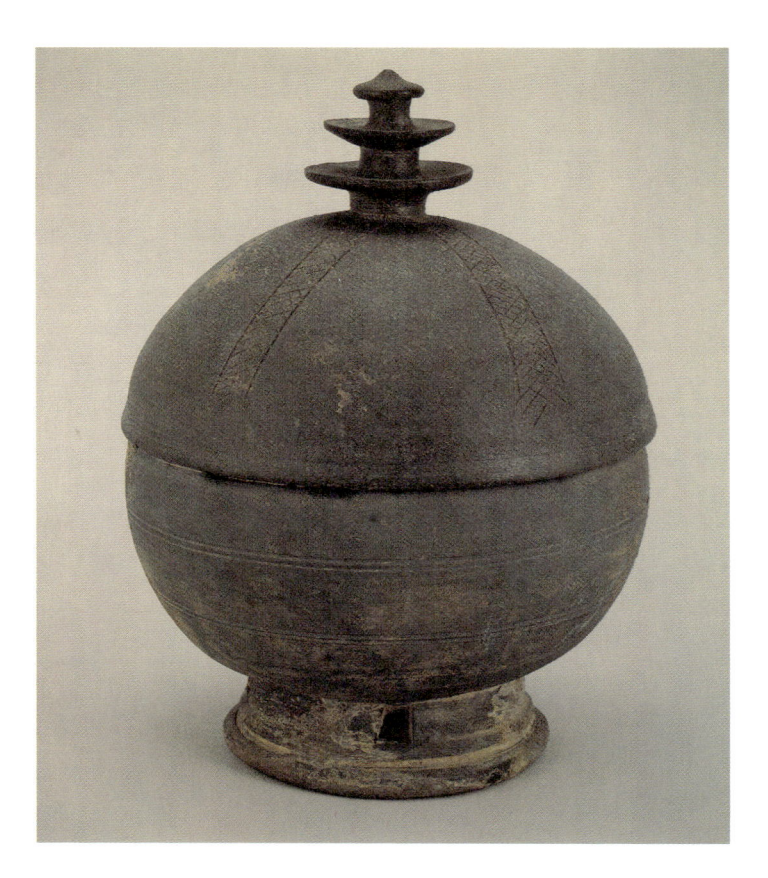

陶制塔形骨壶，7—8世纪（统一新罗时期），相传庆州出土，高28.1厘米，韩国国立庆州博物馆收藏（许可编号：庆博200708-108）。

多。这一时期，中国唐朝流行唐三彩，使用华丽的彩陶；而新罗人则喜爱灰青色陶器，器表带有印花纹样。一部分新罗贵族也使用唐三彩、越窑容器或绿釉陶，但仍以印花陶为主。印花纹样中以花朵居多，可能代表极乐世界地面上的落花。

在新罗统一之前，底座较高、镂孔小空的圆形陶器盒便已出现。此类圆形陶器盒与佛祖去世时供奉舍利的佛塔造型相似。最初采用金属制作，后来普遍使用陶土烧制，从器表的阴刻凹线中依稀可以领略古新罗的流风余韵。

随着时间的推移，陶制骨壶的装饰纹样逐渐发生变化。在印花纹出现之前，曾使用过半圆纹。先画一个半圆，然后在上面戳点，这是6世纪新罗统一前后采用的主要纹样。6世纪时制作的陶器均采用半圆纹，纹路整齐，布满整个器表。顶部盖钮发展为手柄造型，镂孔消失。

统一新罗以后，在陶器制作方面最显著的变化便是陶车的使用。例如，在制作盛装死者骨灰的骨壶时，最初取一块胎土置于辘轳车之上，随着辘轳车的不断转动，胎体逐渐成型。在拉制圆形坯体的过程中，器表自然形成弦纹。经过上述工序制好骨壶后，在里面装入骨灰。7世纪时，盖钮开始呈现各种造型，器物表面布满戳点式纹饰，不留一点空隙。不仅如此，作为装饰纹样，很多陶器还采用密密麻麻的刻纹。这一纹饰原本主要用于金属器皿，但这一时期，类似的造型和纹饰也开始使用在陶器上。此外，7世纪后期开始正式制作旋涡纹骨壶。

本书第93页的陶制骨壶是一个代表性文物，器型沉稳，极具美感。器表刻有密密麻麻的旋涡纹样，底足、壶盖及壶钮均做工精致，从上至下精美至极。为仿照金属器皿，追求与印度佛祖舍利塔相似的造型，在印花纹

陶制骨壶，7世纪（统一新罗时期），高27.6厘米，韩国湖林博物馆收藏。

印花纹陶盒，8世纪（统一新罗时期），高20.5厘米，韩国庆北大学博物馆收藏。

正式出现之前，普遍采用辘轳车在器表留下弦纹。

8世纪时，陶盒造型的制作理念更加成熟，而且比例得当。器壁变厚，器表装饰纹样种类繁多。印花纹陶盒是这一时期典型的硬质陶器盒，也是8世纪最具代表性的印花陶器之一。器表排列有序地布满各式装饰纹样，如连珠纹、四叶花纹、之字纹以及波折纹、云纹等，这些纹样反映了当时强调和谐共融的时代背景。此类文物通常用于陪葬，有的也被放入大陶盒中。

本书第95页的印花纹陶盒为带盖陶罐，器表上阴刻的尖状装饰纹样，乍看好似十字架，但具体不详，另外器表上还有盾牌状三角形纹样。8世纪时，景教［译者注：景教，即唐代传入中国的基督教聂斯脱利派，也就是东方亚述教会。景教起源于今日叙利亚，是从希腊正教（东正教）分裂出来的基督教教派］从西域传入唐朝，现在中国还留有很多基督教教徒的墓碑。虽然目前没有景教传入新罗的相关记载，但文物上出现的十字架纹样十分值得学界关注。8世纪时，陶器上的镂孔消失，更加强调实用性，

印花纹陶盒， 8世纪（统一新罗时期），韩国庆州出土，高31.7厘米，韩国国立庆州博物馆收藏（许可编号：庆博200708-108）。

此陶罐正基于这一时代背景制作而成。

出土文物中最常见的就是本书第96页的大号印花纹陶盒。盒面上有很多带状纹，纹样按一定间隔有序排列，强调流畅与自然。与以往不同的是，这一时期的陶盒盖钮上有孔，据推测，这是为了将骨头装入盒内，用铁钉钉住，使其固定。坯缸可能就是从这一造型演化而来。在印花纹陶盒中，很大一部分陶器器型高大、纹饰图案精致，日本奈良地区还曾出土此类陶盒。

统一新罗时期陶器的另一特征是采用陶土制作陶俑。前面章节已经介绍过，陶俑出现于5世纪新罗时期，主要用于陶器装饰。当时，偶尔也有专门制作的人物俑，如小型玩具一般精致、小巧。6世纪时，出现了一些房屋俑或动物俑等独立器型，到7世纪后期，还出现了全身陶俑。

在制作统一新罗时期的人物俑时，首先用陶泥塑成躯干后，施白色化妆土，然后涂上彩色颜料。这些人物俑嘴唇略带红色，可能是采用矿物质颜料施彩的原因。通过这些人物俑的服饰和手中物品可以获悉人物的身份

第一部　第六章　统一新罗与高丽陶器　095

印花纹陶盒，8世纪（统一新罗时期），高37厘米，韩国国立庆州博物馆收藏（许可编号：庆博200708-108）。

1. **女俑**，7世纪后期（统一新罗时期），韩国庆州隍城洞石室坟出土，高16.5厘米，韩国国立庆州博物馆收藏（许可编号：庆博200708-108）。
2. **文人俑**，7世纪（统一新罗时期），韩国庆州龙江洞石室坟出土，高17厘米，韩国国立庆州博物馆收藏（许可编号：庆博200708-108）。

等信息。

在人物俑中，姿态优雅的女俑十分罕见。身着长裙的女子左手遮嘴，右手持瓶，似乎有些害羞，又似乎欲言又止。头发造型和裙子褶皱均采用简单线条绘制而成。

根据络腮胡和大鼻子可以推测，图2中的这位中年男子可能是经长安来到新罗的西域人。庆州挂陵（译者注：统一新罗时代王陵中唯一完整的古墓）也有类似人物俑出土，这一造型一直持续到8世纪。

韩国灌烛寺 恩津弥勒佛

恩津弥勒佛双目炯炯有神,俯瞰山下一览无余的论山平原。据推测,此佛像建于光宗十九年(968年),由一块巨石雕刻而成。佛像神情坚定自信,似乎会竭尽全力满足信徒所求愿望。[来自朴正明(音译)]

禅宗与陶器

禅宗是中国特色的本土佛教,强调心灵之道,提倡极简和不对称之美。禅宗在新罗盛行后,佛像、佛塔等物质文化遗产大量减少,对称的美学原则被打破,器物也极少使用装饰要素。佛教界强调坐禅,即静坐澄心,觉悟自性,让烦躁的心灵重归平静。灌烛寺(译者注:韩国中部论山的著名寺庙)内的恩津弥勒佛虽外形上多少有失对称,却展现了禅文化强大的精神力量。

这一时期的陶器不施装饰纹样,以素面为主,出现了大量的生活实用容器。例如,平底矮足的碟、瓶、碗,以及半圆瓶等。统一新罗时期遗址——雁鸭池中出土的千余件陶器是这一时期陶器的代表性作品。这些陶器主要分为印花纹和无纹两大类,大多数为蒸笼、饭碗等生活容器,底足逐渐变矮。不仅如此,进入文明社会以后,还出现了缸,为便于在生活中使用,其外形也在不断发生变化。

雁鸭池虽建于统一新罗时期,但一直留存到后世,因此不仅出土了统一新罗时期文物，高丽时期的青瓷、陶器，以及朝鲜王朝时期的坛子碎片、粉青瓷和白瓷碎片，而且还发现了很多近代文物。

雁鸭池出土的"十口八瓮"铭大壶，是一口高达150厘米的大缸，颈部写有"十口之八瓮过冬"的字样，意思是十口之家要想过冬，必须有八个装粮食的缸。这句铭文也读作"十石入瓮"，指代盛装十石大米等粮食的容器。所谓"瓮"，就是我们常说的"坛子"，大的叫作缸。"十口八瓮"铭大壶的出土证实，统一新罗时期宫廷里已拥有很多此类大型陶器。

统一新罗时期后期，各地贵族势力开始挑战王权，发生了真骨贵族叛乱。此后，新罗王权逐渐衰弱，各地豪族纷纷起兵叛乱。高丽王朝的建立者——王建便是地方豪族势力之一。如前所述，禅宗的建立完全得益于各地豪族的庇护。当时，贵族们排斥主张"法界缘起"的华严思想（译者注：华严宗的思想要义是指万事万物是依法性或真心、自性清净心、

"十口八瓮"铭大壶，统一新罗时期，高150厘米，韩国国立庆州博物馆收藏（许可编号：庆博200708-108）。

真如、佛性、如来藏、理、法界等而生起；不仅理事无碍，而且事事无碍），极力推崇禅宗。不立文字、以心传心、拈花示众的禅宗思想变成了豪族势力的思想根基。

◣ 四棱瓶和碗等实用容器的出现

9世纪时，陶器的制作目的发生了很大转变。从制作骨壶等明器，转为生产现实生活中的实用陶器。这一时期主要制作四棱瓶陶器，如果能发掘出类似造型的青瓷，便足以证实青瓷产生的时间可以追溯至9世纪，也就是说，统一新罗时期末期便出现了青瓷。这对学术界来说，将是一个十

各种扁瓶、纹瓶，9世纪（统一新罗时期），韩国忠南保宁真竹里窑址出土，韩国延世大学博物馆收藏。

分重要的发现。四棱瓶在9世纪的诸多遗迹中均有出土。特别是弥勒寺僧房旧址中,一起出土的还有大中十二年(858年)撰写的铭文资料,因此可以推断,四棱瓶是9世纪时典型的陶器,这份宝贵的资料对于考古学界具有重要价值。

10世纪时,韩国罗州、灵岩等地逐渐出现了新的器型。灵岩鸠林里陶窑被定为历史遗迹,是具有代表性的陶窑遗址。韩国梨花女子大学博物馆发掘的部分文物也在鸠林里陶器文化中心陈列展出。

灵岩郡和梨花女子大学博物馆利用废弃的灵岩中学校址,设立了一座小型博物馆——灵岩陶器文化中心。鸠林里窑址中的出土文物大多以四棱瓶为主,相对于9世纪陶器,瓶身变长,瓶面近乎无纹,造型更加粗糙。此类瓶身细长、器表缠绕泥条的陶器造型对高丽时期的陶器产生了重要影

四棱瓶,9世纪(统一新罗时期),高24厘米,韩国梨花女子大学博物馆收藏。
9—10世纪初的文物器型,敞口带棱、口沿向外翻折,瓶身呈四个平面。此类造型的文物被称作四棱瓶。深色的自然釉是在高温下渗出,形成玻璃釉面,看上去像施有釉料,其实不然,此为器表发生玻化现象。

响，一直延续到11世纪。韩国莞岛近海地区也发现了相同器型的文物。

本书第101页的四棱瓶是9世纪后期至10世纪初统一新罗时期使用的典型陶器。此外还有半圆瓶，瓶身半边压平，两边带棱，半边外鼓。此类陶瓶产于9世纪，实用性强，被广泛使用。不仅如此，还出土了不少小型陶瓶、敞口坛，以及带钟形盖的小型器皿。部分陶瓶上施有褶皱纹饰。这些小瓶子实用性强，可以用来装油。

10世纪烧造的四棱瓶比起9世纪的四棱瓶器口更大、瓶颈略短、器身瘦长。大多采用广口，口沿表面缠绕泥条，器身也从浑圆逐渐发展为瘦长。器表上的褶皱纹逐渐消失，锯齿纹随之出现。

到了10世纪高丽初期，壶的造型也略微发生变化，出现了碗形器物。从出土文物的特征来看，灵岩鸠林里窑属于10世纪遗迹。这一时期制作的陶器虽然很多表面粗糙，却富有光泽。很多专家认为是器表施釉而成，但事实上，这只是含有大量长石粉的胎土在高温作用下发生的玻化现象。

褶皱纹陶器中，有部分施釉器皿。对此，学界观点不一，有专家认为是人为施釉，属于朝鲜半岛最早的施釉陶器，也是坛子的最原始造型。

▼ 承载佛教思想与贵族文化的高丽陶器

高丽是一个什么样的社会呢？下面将基于对高丽社会的考察，探寻高丽时期陶器的发展脉络。

高丽始建于918年，佛教对于高丽社会具有深远的影响。统一新罗时期末期禅宗传入朝鲜半岛。高丽初期，佛教依然是主流宗教。大觉国师义天（1055—1101年）为实现禅教统合，开创高丽天台宗，将天台宗较为完整地传播到整个高丽。

归根结底，佛教追求从无尽的轮回中得到解脱，这一点在高丽陶器中展露无遗。高丽时期的陶器以浅灰青色为主，给人以宁静、孤寂之感。寺庙里设有大寂光殿，意为感受无限静默的空间。高丽时期的人们被佛教所追求的这种意境打动，自然地，这种情感也濡染了当时的陶器。

高丽时期的文化中不可或缺的一点就是贵族文化。例如，高丽时期的工艺品，无论纹饰，还是造型，都反映了当时贵族们的喜好。高丽贵族们喜欢柳树，喜欢其流畅的曲线。因此，不仅高丽象嵌青瓷，其他工艺品上也时常可以看到柳树纹。甚至，柳树流畅的曲线在高丽陶器造型上也经常被借鉴。

高丽时期的陶器反映了当时的艺术审美，但长期以来一直未得到大众的重视。虽然陶器是高丽陶瓷的一个重要组成部分，但在整个高丽陶瓷史上几乎未被提及。这是因为在人们传统意识

水月观音图，高丽时期后期，绢本设色，227.9厘米×125.8厘米，日本大德寺收藏。

各种陶器，高丽时期，韩国延世大学博物馆收藏。

高丽中期以后，灰青色、灰绿色硬质陶器的数量逐渐增多。通过青瓷、瓢壶、净瓶、梅瓶等各种于12—14世纪烧造的陶器，可以看出当时人们的生活面貌。据推测，小油瓶或香炉一类的高丽陶器，主要是仿照高丽青瓷造型，在平民中得以广泛应用。

中，陶器始于史前时代，在统一新罗时期逐渐衰落，高丽时期被青瓷取代。但事实上，即便在高丽时期和朝鲜王朝时期，陶器的产量依然大大超过瓷器，而且使用范围更为广泛。

高丽陶器一般以150年为一个分界线，分为初期、中期和后期。通过观察每个时期的陶器类型，可以更加具体地了解到高丽时期人们的生活面貌。

918—1100年高丽初期，最具代表性的陶器窑址有韩国灵岩鸠林里、康津龙云里和三兴里。这一时期继承了统一新罗时期陶器的传统，烧造灰

陶制骨壶，10世纪，高32.3厘米，韩国国立庆州博物馆收藏。

此舍利壶曾用于盛放舍利。统一新罗时期结束后，直到高丽时期，此类陶器还一直被烧造。10世纪统一新罗时期大量烧造的舍利壶造型再次出现，整体呈灰青色，部分呈灰绿色，给人以静谧孤寂之感。

青色硬质陶器和灰黑色软质陶器，以及缠绕泥条的大型陶罐、四棱瓶、广口瓶、小瓶、大碗等，预示着新时期的到来。11世纪以后，主要生产广口瓶和陶罐。高丽初期的陶器器壁变薄，造型优美。碟、碗、盒等用具主要由青瓷制作，似乎故意要与使用陶土制作的陶器区分开来。

1100—1250年高丽中期，随着青瓷的不断发展，陶器器型和装饰纹样更加精美，梅瓶、油瓶、执壶、净瓶等一些高端器型被制成陶器。即便同一种器型，也会根据使用的目的和阶层，分别被制成陶器、瓷器和金属容器等不同档次。碟、碗、盒等器型主要被制成灰青色硬质陶器，软质陶器大多以蒸笼为主。

1250—1392年高丽后期的陶器以梅瓶、缶、壶、酒瓶为主，器壁变厚，采用拍印技法，器身留有席纹（译者注：凉席状编织纹路）。执壶、梅瓶、酒瓶的造型与青瓷相同，从而满足不同身份和生活水平人群的需求。

高丽时期陶器的变迁

高丽陶器主要有香炉（译者注：放在佛堂前烧香的香炉，又称"香垸"）、执壶、小瓶、广口瓶、扁瓶、梅瓶、瓢形瓶、长颈瓶、净瓶、大壶、扁壶、壶、大钵、缶、大盒、碗、碟等。

其中罐类和瓶类数量最多，有的罐类陶器部分造型与青瓷相同，但大部分采用陶器特有造型。小坛、碟、大碟等生活常用器型，除被制成陶器外，还被制成粗质青瓷，器表施褐绿色瓷釉。韩国莞岛海底出土的3万多件文物便是最好的证明，瓶类造型与大部分青瓷较为类似，有广口瓶、长颈瓶、喇叭口瓶等。此外，还有和青瓷十分相似的梅瓶、瓢形瓶和净瓶。

下图的广口陶瓶一般被用作酒瓶，类似造型也被制成青瓷和金属容器。

1. 广口陶瓶，12世纪（高丽时期），高27厘米，韩国延世大学博物馆收藏。
2. 广口扁陶瓶，14世纪（高丽时期），高36.5厘米，韩国延世大学博物馆收藏。

本书第106页图2的广口扁陶瓶自高丽初期开始出现，多是仿照半圆瓶制作而成，两侧略微扁平。在制作方法上延续了9世纪统一新罗时期四棱瓶的制作传统，直到11世纪，仍然被使用，但造型较之前微有改动。12世纪以后，逐渐演变为带有凹棱的瓜形瓶。

　　高丽陶器一般呈灰色或灰青色，外观古雅。除四棱瓶外，高丽时期还经常使用扁瓶，两侧瓶腹扁平、宽口丰肩，造型浑厚，此类器型后来多被制成青瓷。

　　12—14世纪时，梅瓶器型与青瓷相似，以满足不同人士的需求。13世纪时陶器大多器身较长。韩国延世大学博物馆馆藏的这件梅瓶（本书第108页图1）为当时普遍使用器型，瓶体修长。14世纪以后，器物足部外撇，口沿向外，略呈喇叭状。高丽末期至朝鲜王朝初期的梅瓶以细腰为主要特征。

　　韩国延世大学博物馆馆藏的这件陶瓶（本书第108页图2）属于瓶类基本造型。高丽时期的陶瓶大多在瓶颈和瓶体交接处有一个小孔，但非用于插入吸管，至于为何打孔，具体原因尚且不详。青瓷中也有很多同样造型，但无小孔。可见，小孔为陶瓶特有。

　　瓢形瓶（本书第108页图3）曲线优美，在高丽时期广受欢迎，于13世纪以后出现。将葫芦晒干去瓤，可以用来盛装饮品。当时人们认为葫芦瓶寓意福禄，因此这一时期大量青瓷和陶器被制成该造型。

　　陶制净瓶的造型与青瓷净瓶或金属净瓶造型完全相同。净瓶大小不等，不仅用于佛门礼仪，也在生活中广泛使用，大多被制成灰白色软质陶器。

1. **陶器 梅瓶,** 14世纪（高丽时期），高29厘米，韩国延世大学博物馆收藏。

2. **陶瓶,** 13世纪（高丽时期），高30.7厘米，韩国延世大学博物馆收藏。

3. **瓢形陶瓶,** 13世纪（高丽时期），高42.8厘米，韩国湖林博物馆收藏。

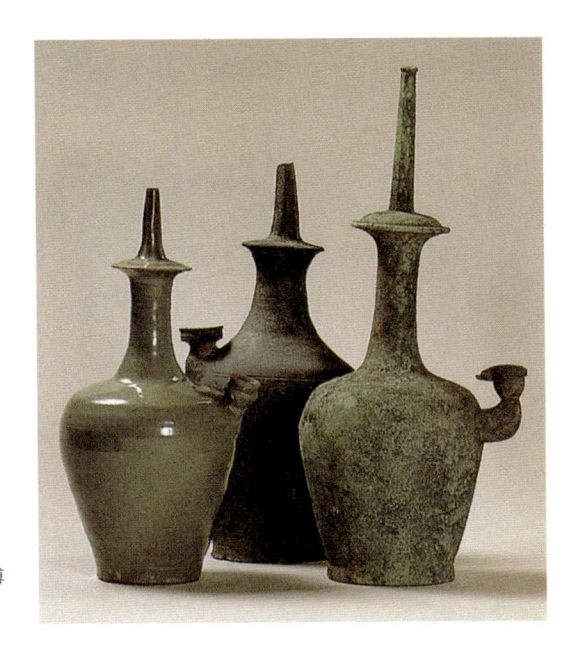

高丽时期的各种净瓶，韩国延世大学博物馆收藏。

净瓶源于印度，僧侣游方时随身携带用以贮水，后来成为举行佛门礼仪时使用的器具。净瓶不仅是佛教器物，在实际生活中也用途广泛。因此，除金属净瓶、青瓷净瓶外，还有陶制净瓶。

净瓶分无注水口和有注水口两种造型。无注水口净瓶因不便于注水和倒水，多被用作花瓶，插入花或柳枝。

高丽时期的净瓶采用青铜、青瓷以及陶土等多种材质制作而成。材质不同，价格差异显著。当时的平民和贵族阶层根据各自的经济情况，选择使用不同材质。除净瓶外，梅瓶、执壶等其他器型也采用青铜或青瓷材质。

高丽初期的陶罐一般器型较大。莞岛海底发掘的12世纪初期所制的陶罐中，有的高达60厘米。这一发现可以证实，陶罐直到高丽中期依然被使用。大型陶罐器型变化较小，而20—30厘米的中型陶罐，有的器身带有凹

陶器瓜棱执壶，13世纪（高丽时期），高18.9厘米，韩国湖林博物馆收藏。

棱，有的器身一侧扁平，有的带耳，造型多样。

执壶有甜瓜形、瓶形、筒形等多种造型，高丽时期的陶制执壶总体来说均仿照青瓷执壶或青铜执壶烧制而成。

上图这只执壶通过在凹槽中起线，呈瓜棱状。高丽时期，为便于当时的百姓使用，特意仿照瓜棱青瓷执壶，制作了价格低廉的瓜棱陶壶。因采用高温烧制，执壶表面带有一定光泽。此执壶与香瓜形青瓷执壶造型相似，而且仿照青瓷执壶，为避免壶盖摔落，手柄上饰以圆环，用于绑绳。

高丽陶器大多表面不施纹饰，偶有施纹，也主要采用拍印技法饰印席纹或格纹。部分陶器表面留有轮旋痕迹。陶缸或陶瓶纹饰简单，通常在颈部和肩部采用粗阴凹线刻绘波形纹，或拍印锯齿纹。最初，有的陶器肩部缠绕泥条，后来逐渐消失。但大部分器表无纹，这也是高丽陶器的主要特征。

8世纪时制作的大型陶盒在高丽时期再次出现。本书第111页的陶盒顶部带盖，盖呈覆钵状，让人好奇里面盛装何物。此文物原藏于韩国世福兰

大型陶盒，1097—1105年（高丽时期），高41厘米，韩国延世大学博物馆收藏。

黑褐釉陶罐，12世纪（高丽时期），高40.5厘米，韩国国立光州博物馆收藏。

斯医院资料室。据说，当时一名患者为向主治医生表达感谢，听闻医生喜欢古代器皿，于是便将此陶盒赠予医生。经收藏者许可后，笔者仔细观察发现，陶盒内还有一只绿褐色青瓷。青瓷表面有凹棱，为12世纪主要采用的香瓜造型。上面带盖，盖上放有一枚硬币。经保养清洗处理后发现，为12世纪初的海东通宝（译者注：高丽时期发行的钱币之一）。青瓷里装有骨灰，周围有9只陶壶，其代表含义虽不得而知，但陶壶里存有风干的粮食残留物。由此可见，此文物是将装有粮食的小陶壶放在周围，中间瓷壶里装上骨灰，最后放上一枚硬币作为路资。通过这枚硬币可以推测出陶盒的制作年代。12世纪高丽时期举行葬礼时，青瓷和陶器可能同时使用。

高丽时期偶尔也使用施釉陶器。12世纪时，工匠开始在器表施灰釉，烧造过程中器表氧化，略微泛黄。上方的黑褐釉陶罐造型饱满，为施釉后烧造而成。该造型的陶罐是坛子的原始雏形，但这一时期还不能称之为坛子。莞岛近海出土的3万余件陶瓷器皿中也有此类施釉陶罐。因此可以推断，施釉陶器从12世纪中期开始在高丽被使用。

《高丽图经》中的高丽陶器

记录高丽王朝历史的史学著作——《高丽史》《高丽史节要》中，几乎没有出现与陶器相关的记载，私人著作中与陶瓷相关的记载也鲜有出现。1124年，中国北宋时期的徐兢（1091—1153年）撰写了《高丽图经》一书。书中不仅记录了与高丽青瓷相关的重要内容，还提及了陶器。1123年，徐兢随使高丽，在高丽驻留月余，归国后，将在高丽考察到的地理、历史、文物、制度等，撰写成《高丽图经》一书，呈给徽宗。《高丽图经》中记载："器皿多以涂金或以银，而以青陶器为贵。"

一般来说，银器是王室的重要器皿。因此，高丽招待宋朝使者时更多使用青瓷和银器。此外，还有很多镀金的器皿。王宫内主要使用铜器，一般情况下，除铜器外，木器和漆器均被广泛使用。

据文献记载，高丽时期陶器使用广泛。陶缸高6尺，约180厘米，王宫内部里随处可见。有的用于盛米，有的用于储水，以备宫中起火。其中，主要的还是作为储藏容器，用于盛酒。文献记载，用黄色绸缎盖住酒缸，封上缸口，有利于白酒老熟。此外，还用于盛装水果或食醋。不仅如此，在船上盛装饮用水时也需要使用陶缸。由此可以推测，陶器主要被制成缸类容器。可见，高丽时期无论王公贵族，还是普通百姓，都选择将陶器作为储藏容器。

迄今为止，各式高丽陶器虽均有被挖掘，但仅在几所博物馆中展出，而且数量极少。虽然陶瓷是高丽时期文化的象征，但各大博物馆均以展陈青瓷为主，让人误以为高丽时期不再制作陶器，大部分生活容器被青瓷取代。

以上介绍了统一新罗时期和高丽时期的陶器，探究了陶器的发展脉络。尤其是统一新罗时期，陶器的造型和纹饰均产生巨大变化。在统一新罗时期前期，整个高丽社会充斥着禅宗思想，人们不约而同地抹去了陶器上的装饰纹样。所谓"相由心生"，陶醉于佛教世界的窑工们在陶器的制作方面体现了打破平衡的不对称美。

这种造型艺术在今天看来，难免被认为有失和谐。例如新罗末期高丽初期修建的恩津弥勒，造型庞大，脸部、身体比例失调，身上袈裟也十分单调。乍看之下有些不自然，但却是通过对内心世界和自我修养的领悟，达到真善美的最高境界。只有了解这些，才能更好地理解高丽时期的文化艺术。高丽时期所追求的禅静映射在器物上，体现了当时人们所追求的宁静与孤寂的精神世界。尤其是高丽时期不再将陶器放入坟墓陪葬，主要作为生活容器使用。陶瓶、梅瓶、扁瓶、陶罐等，均仿照青瓷器型，到朝鲜王朝时期以后，逐步发展为粉青瓷，被广泛用于现实生活之中。

高丽青瓷价值连城，高达数亿韩元（译者注：一亿韩元约54万元人民币），然而比它更具代表性的高丽陶器却无人问津，通常被堆砌在博物馆仓库和古董美术品商店里。高丽时期的陶瓶造型、纹饰不断推陈出新，一直延续至朝鲜王朝时期。希望这些精美的陶瓶能够像恩津弥勒一样，作为朝鲜民族文化精髓的象征，被永远铭记。

鬼面双耳扁陶瓶，14世纪（高丽时期），高34.8厘米，韩国湖林博物馆收藏。

高丽时期出现了一种新的文物造型，扁腹，上端手柄贴有兽面，即兽头形状的装饰。上面有孔，可穿绳挂背。此类造型实用性强，可以挂住马背或牛背。高温下，器面发生玻化现象，看上去莹润亮泽，但并非施釉所致。

第七章

简单拙朴的朝鲜王朝陶器

15—19世纪

朝鲜王朝陶器的发展脉络

朝鲜王朝时期的陶器与朝鲜白瓷一脉相承。拙朴、静谧、简洁是这一时期陶器的关键词。《世宗实录·地理志》中记载了139处瓷窑和185处陶窑,可见朝鲜王朝初期,陶器产量远远大于瓷器,使用范围更广。

虽然陶器是朝鲜王朝时期陶瓷的一个重要组成部分,但长时间以来被白瓷遮蔽,少人关注。大部分人通常认为,朝鲜王朝时期只制作粉青瓷和白瓷,但事实上,陶器生产一直在延续,软陶、硬陶均持续产出。

朝鲜王朝初期继承了高丽后期的陶器制作传统,烧造灰黑色和灰青色陶器,色泽素朴。还制作与粉青瓷和白瓷相类似的梅瓶、陶瓶、执壶、坛子等,仍以无纹为主。

于朝鲜王朝时期的陶器有如下记载:"庶民器物,生活必需品。麻浦、鹭梁津一带从事者甚多。"从中可以得知,朝鲜王朝时期人们的生活与陶器密不可分。

另一方面,瓮器名称的由来可以参照《东国舆地胜览》(译者注:

《陶缸店》,金俊根,19世纪末,德国汉堡民俗博物馆收藏。

朝鲜王朝时期编纂的地理书籍）和16世纪初的《训蒙字会》。《东国舆地胜览》中说，两尺以上的缸被称作瓮；《训蒙字会》中记载，陶器一度被称作盛器。16世纪后期，朝鲜诗人尹善道在其诗文集《孤山遗稿》中也提及陶瓶、陶坛等。由此可以推测，当时已经普遍开始使用陶器或瓮器这一名称。

朝鲜王朝中期，依旧在持续烧造陶器，主要以瓶、坛子为主。17世纪时，工匠们开始制作质量粗糙的白瓷，用作生活容器。同时，当时朝鲜王朝也大量制作硬陶。特别是17世纪后期，早期无釉陶器已停止生产，开始大量使用施釉陶器，当时一般贵族家庭主要使用黄褐釉陶。

此后，施釉技法不断沿用，17世纪后期铁华白瓷窑址中还出土了一定数量的朝鲜王朝时期陶器。可见，这一时期生产的施釉陶器，于18世纪后半叶在社会上开始广泛流行。特别是随着社会上对泡菜存储容器需求的不断增加，施釉陶缸的使用在这一时期得到广泛普及。

18世纪时，在器表投盐以施釉的青色缸开始得到使用，19世纪，施釉陶器被全面普及。20世纪旧韩末时期，铅釉突然流行起来，铅釉包含少量的红丹（氧化铅的混合物），可以让瓷器表面有光泽。在1050℃的温度下，红丹容易熔融，不仅节约燃料，而且烧制后器表光泽度高，比起无光泽的传统瓮器更受欢迎。后来人们意识到，红丹中含有的氧化铅成分摄入人体后会致命，于是逐渐停止使用。这一时期的无釉陶器只剩下蒸笼、神主坛、业坛等。至此，笔者突然想起，20世纪50年代时，韩国人曾将大米或衣服放入缸中保管。

朝鲜王朝后期制作的陶器包括黑褐釉瓮、灰青色或灰黑色陶器，此类陶器均为日常生活中的常用容器。值得注意的是，18世纪制作的陶瓶、

《酒楼风景》《捕鱼》（局部），金弘道。

18世纪朝鲜著名画家——檀园金弘道的风俗画，画中可见陶器。18世纪时，白瓷得到普及，但通过此画可知，陶器与白瓷同时在生活中被广泛使用。虽然朝鲜王朝时期流行使用白瓷，但陶器功能广泛，因此仍然被用于生活的方方面面。

淡青陶缸，朝鲜王朝时期，高70.8厘米，韩国延世大学博物馆收藏。
淡青色罐状容器。烧制时在窑中加入盐，盐溶解后，像釉料一样覆着在器皿表面，形成一层薄膜，堵住器皿之间的镂孔。

陶罐以及带注水口的陶罐等，容器底部均刻有工匠名字，还有各种阳刻记号，似为陶窑标志。

18世纪的风俗画中经常会出现一些小酒馆或秋收的画面。这一时期的陶器与画中装酒的小瓶子造型十分相似，可能属于同一时期制作的容器。当时制作的陶瓶宽口、直颈、平底，器型流畅。器体上端有两三条阴刻凹线，减少单调感。19世纪后，工匠们开始制造灰黑色的硬质陶和软质陶等各种瓷器。

朝鲜王朝陶器的自然、拙朴之美

从高丽时期到朝鲜王朝时期，再到今天，随着瓷器生产技术的不断发展，陶器逐渐淡出历史舞台，在很多场合被瓷器所取代。朝鲜王朝时期瓷器的使用比高丽时期更为频繁。但由于陶器透气性较好，在部分领域仍继续使用。蒸煮食物或存储食品时，比起瓷器，使用陶器所制的食物风味更加纯正浓郁，因此陶器作为储藏容器得以迅速发展。进入朝鲜王朝后期，陶土还被制成烟囱等。

朝鲜王朝时期，陶器是最为普通的生活用具。朝鲜王朝以儒教治国，倡导节俭、质朴之风。因此，朝鲜王朝时期的陶器虽然纹饰单调，却给人以平和之感，主要有陶壶、陶瓶等素面容器，器型简单。檀园金弘道（译者注：朝鲜王朝时期画坛巨匠）、蕙园申润福（译者注：朝鲜三大风俗画家之一）以及箕山金俊根（译者注：朝鲜三大风俗画家之一）的风俗画中也多次出现陶器制品。这一时期，陶器与瓷器同时存在，陶器以无饰纹、造型简单为主要特征。然而，18世纪后半叶至19世纪，随着势道政治（译者注：朝鲜王朝末期的一种政治形态，指代受到国王信任的人物或集团独自掌控政权的状态）愈演愈烈，对华丽器皿的需求不断增大，坛子上也开始施绘各种各样的装饰纹样。朝鲜王朝时期制作的陶器有罐、坛、瓶、扁瓶、缶、蒸笼、执壶等多种器型。其中，罐类和瓶类居多。从目前出土的文物来看，朝鲜王朝初期制作的壶类器皿大多无纹、造型简单、器身颀长。朝鲜王朝中期和后期，器皿逐渐下腹宽圆、底部扁平。偶尔也有与白瓷造型类似的瓶类器皿，但大部分为窄口、圆腹。

本书第122页的凸纹陶缸是朝鲜王朝初期的代表性器皿，制作于15—16世纪，器表无釉，器身缠绕泥条作为装饰，鼓腹，下部内敛，凸显沉稳之感，属于朝鲜王朝时期典型的罐类器型。器表留有绳纹，据推测是陶器成型时，采用缠着绳子的陶拍，在器表拍打后留下的痕迹，还有后来用皮革涂抹、修坯后留下的磨痕。器表略泛灰青，与朝鲜白瓷颜色类似。

朝鲜王朝时期，各地均根据所在地区的自然环境，制造陶缸。缸作

凸纹陶缸，朝鲜王朝初期，高66厘米，韩国延世大学博物馆收藏。

为生活中使用频率最高的容器，造型设计需考虑自然环境属性。韩国全罗道地区的陶缸多作圆鼓腹，日照面积大，所存储的酱料味道格外鲜美。据说酱料味道的好坏很大程度上取决于盛储容器，因此令主妇们头疼的一件事便是如何选一口好缸。一口完好的酱缸，敲击时声音清脆，表面略泛土黄。烧造时期以4—5月和10—11月为宜，6—7月或冬天烧造容易使陶体受潮，敲击时声音浑厚，所存储的酱料味道稍逊。

韩国京畿道地区的陶缸大多器身颀长，略显瘦削。有的为带盖陶缸，盖上带有莲蓬盖钮，此类陶缸主要被王室或地方高官士大夫使用。全罗道地区的陶缸如全罗道地区的食物一样风格独特，忠清道地区陶缸的大小介于京畿道和全罗道之间。济州以及其他地区的坛子也各具区域特色。

据说，色泽完好的陶缸通常呈土黄色，与史前时代陶器颜色相类似，不深不浅，恰似朝鲜民族悠然、淡泊的生活情愫。史前时代陶器以土黄色为主，经过漫长的历史岁月，这一色泽在朝鲜王朝时期陶缸中再次呈现。

瓮缸，朝鲜王朝后期，高73.6厘米，韩国圆光大学博物馆收藏。

大型陶缸，朝鲜王朝后期，高130厘米，韩国陶器民俗博物馆收藏。

  19—20世纪，陶器的制作工艺越发精湛，陶缸表面出现了折枝花纹、鱼纹、树叶纹等。装饰花纹以折枝纹为主，体现了当时人们追求简单、拙朴之美的想法。事实上，此类装饰还起到了脱离釉料，让缸体自由呼吸的作用。20世纪以后，陶缸纹饰更加华丽，还有的会在施釉之前在器表先粘贴花瓣作为装饰。造型上一直以带盖酱缸为主。可见，装饰华丽的罐类器皿主要产于20世纪。

  在1万多年的朝鲜民族陶瓷史上，陶缸是历史最为悠久的造型之一。朝鲜王朝时期，创制了文字，确立了民族文化。在精神层面，朝鲜民族的美学意象在这一时期已然形成。在笔者看来，朝鲜王朝时期的陶器简约却不失自然，是朝鲜民族审美意象的集大成之作。然而，随着生活文化的变化，陶器在人们生活中的重要地位逐渐被取代，甚至被遗弃。但在韩国外，朝鲜半岛的陶器却享有极高的盛誉，著名的美国史密森尼博物馆出版了《Onggi》（《陶器》）一书，可见美国人的喜爱程度。

在朝鲜王朝时期，离开酱缸，人们的生活几乎无法想象，酱缸在朝鲜民族的生活文化中占据着重要的地位，失去酱缸，就等于失去了珍贵的生活文化。现如今，当前韩国无论是对于陶器的研究，还是陶器的制作，几乎均面临后继无人的窘境。陶器拥有1万多年的悠久历史，是宝贵的文化遗产，希望此书能够唤醒人们对于陶器的重视。

陶器蕴含着宁静与素雅的韵味。在漫长的历史长河中，陶器主要呈红褐色，其朴实的造型、质朴的颜色与朝鲜民族的特性息息相关。佛教、道教和儒教铸就了朝鲜民族的精神之魂，以农为本孕育了朝鲜民族的生活之根，陶器是魂与根的重要载体。从史前时代的陶钵，到后来各式各样的陶壶，随着生活的变化、时代的变迁，朝鲜王朝时期又出现了酱缸等生活容器。自古以来，陶器作为朝鲜民族生活文化的一个重要组成部分，是朝鲜民族情感与生活的真实写照，需要更加深入地开展相关研究。

除大缸外，朝鲜王朝时期还经常使用小罐。小罐的制作始于16世纪，与粉青瓷的部分器型相类似。痕迹粉青瓷作为一种家喻户晓的朝鲜瓷器，

陶缶，15世纪，高40厘米，韩国延世大学博物馆收藏。

陶瓶，17—18世纪，高22.8厘米，韩国延世大学博物馆收藏。
此陶瓶呈浅灰色，简约而不失俊美，造型独特，用于盛酒。瓷器中一般无此器型，只见于陶器。

主要制作于16世纪。两种器型于同一时期出现，可以推测，二者均为生活必需品。

此外，粉青瓷中有很多缶器，同样的器型也被制成陶器。缶器器身较长，最早被称作长盆，后来改名为缶。缶直至19世纪一直生产，最初被用来盛水或盛酒，19世纪以后使用频率逐渐减少，被用来盛装污秽物。

朝鲜王朝后期出现了一种盖上带钮的新型缶器，有的甚至身长超过40厘米。这种缶器一般放在农家后院，用来盛装污秽物。还有一种缶器，外形似炮弹，一侧扁平，可以竖立放置。有的采用拍印技法制成，相比粉青瓷和白瓷，价格低廉，受到普通民众的一致欢迎。

从16世纪绘制的朝鲜宫廷画中可知，陶器不仅应用于朝鲜的平民阶层，在王室中也广为使用。特别是，现在韩国国立民俗博物馆所在地，是朝鲜王朝时期掌管宫廷膳食的尚食局，曾使用大量陶缸，因此，建造民俗

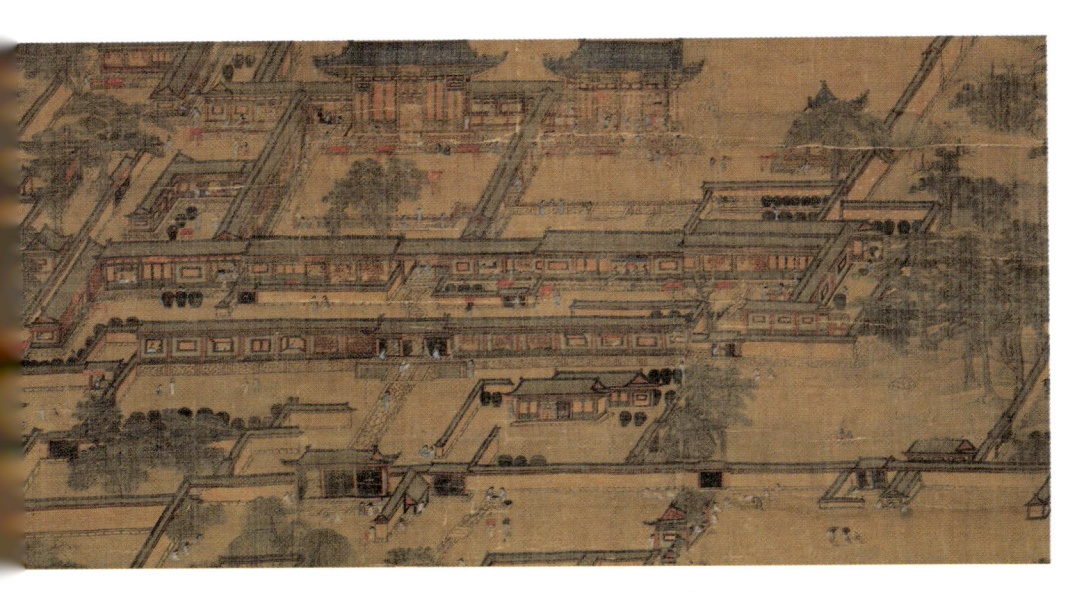

《宫中崇佛图》（局部），16世纪，韩国三星Leeum美术馆收藏。

博物馆时发现了很多陶缸碎片。韩国国立文化遗产研究所在发掘景福宫时，也发现了很多当时用于存储酱料的陶缸碎片。

朝鲜王朝时期古墓出土文物有白瓷，也有陶器，但数量较少。通常认为，朝鲜王朝时期的古墓中可能只有白瓷和粉青瓷，但事实发现，有的古墓即使没有粉青瓷，也一定有陶器存在。陶器在15—19世纪朝鲜王朝时期遗址中被发掘出土这一情况再次证实了陶器是朝鲜王朝时期重要的生活容器。

朝鲜王朝时期敞口陶壶的烧造数量颇丰。下方的陶坛器型简单，与朝鲜王朝初期的白瓷壶造型相似。器表的白色斑点是烧造时的落灰腐蚀形成。此类造型的陶器数量最多，被广泛使用，据推测可能用于盛装食盐或大酱。

据文献记载，陶器器型繁多，在日常生活中用途广泛。韩国首尔麻浦和鹭梁津地区交通便利，便于运输，因而有很多陶瓷工匠。

随着城市化的发展，朝鲜王朝时期制作陶器的窑址早已迁离今天的首

陶坛，15—16世纪，高26.2厘米，韩国延世大学博物馆收藏。

尔市中心。京畿道仁川，忠清道唐津、礼山，庆尚道蔚山，全罗道康津、宝城等地至今还有部分村庄采用传统方式制作陶器，但除此之外，全国各地大部分的陶窑已经消失。陶窑与烧制白瓷的瓷窑原理及选址上十分相似。随着现代化的发展，柴火难以获取，因此部分陶窑不仅使用油，还开始使用废轮胎作为燃料。因此，京畿道地区的部分陶窑被列为环境污染设施，这进一步加速了传统陶窑的消亡。京畿道骊州和龙仁附近的陶窑建于20世纪，迄今一直使用，被认定为地方文化遗产，受政府保护。旧式陶窑多为泥质建筑，遇到梅雨季节和寒冷天气后会自然塌陷。因此，即使并非城市开发等人为原因破坏，自然淘汰消亡也是常理。

陶器的价值虽然无法与青瓷、粉青瓷、白瓷相提并论，但它是朝鲜民族生活的重要组成部分，在漫长的历史长河中，与朝鲜民族同呼吸共命运，在人们的生活中深深地扎下了根。朝鲜半岛历史的每一个时期都与陶器紧紧相连，伴随着陶器的演变，一幅幅历史画卷徐徐展开。然而陶器却一直不被人们所关注，朝鲜民族的根与魂，应该从陶器中寻求答案。希望此书能够让读者重新认识陶器之美，正确理解朝鲜半岛陶器的发展史，感受各个时期人们的生活与文化。

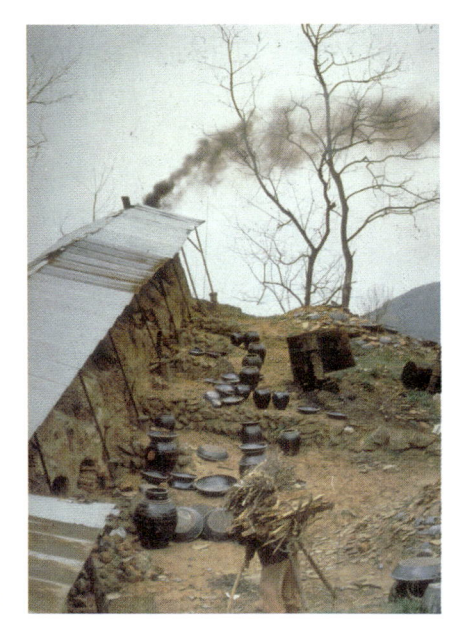

旧式陶窑

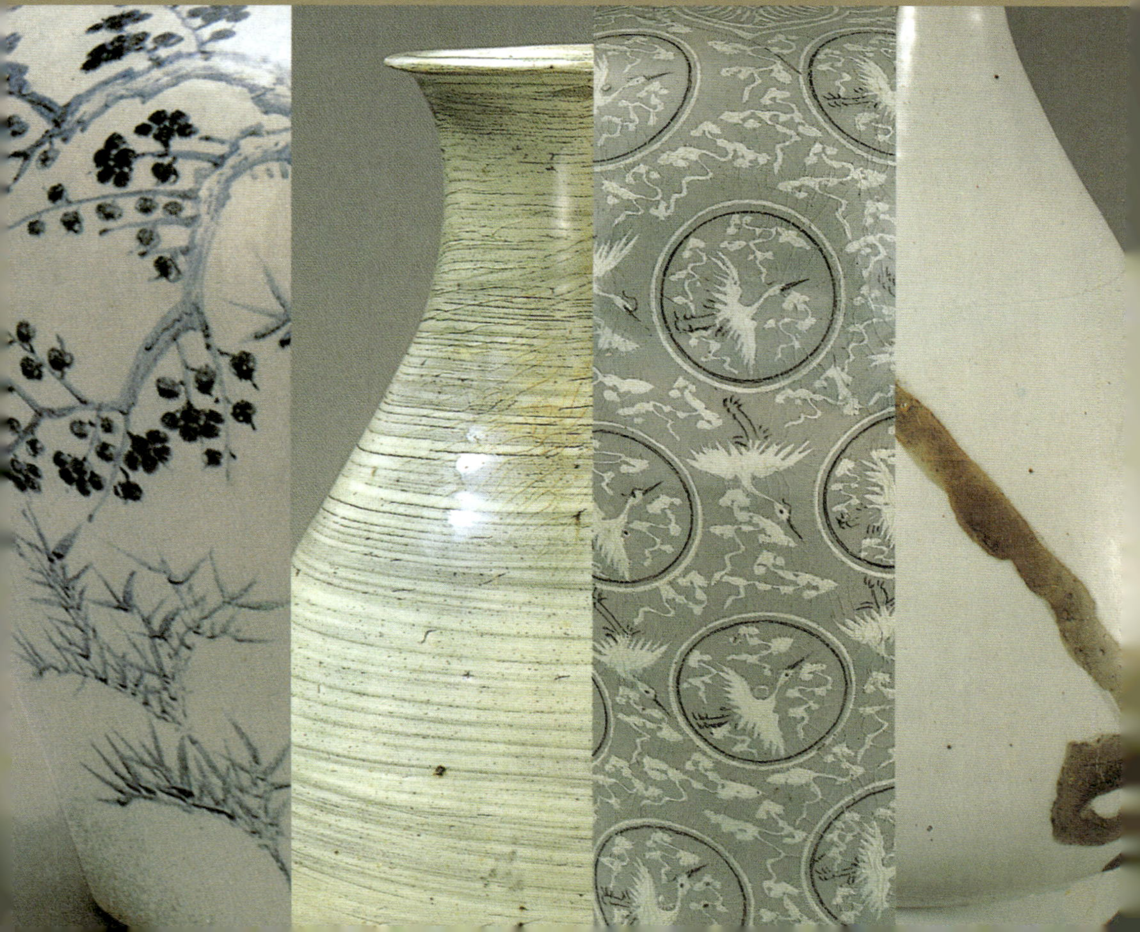

第二部

瓷器——朝鲜半岛艺术之魂

第一章

什么是瓷器

陶器和瓷器、瓦器和沙器

在今天的朝鲜语和韩语中,"陶瓷"是汉字词,来源于汉语,是"陶瓷器皿"的简称。20世纪以后,"陶瓷"作为一种专有名词被固定下来。但其实在古代,"陶器"和"瓷器"被分开使用,代表两种不同的物品。正如"父亲"和"母亲"的总称叫"父母"一样,陶器和瓷器合在一起,统称"陶瓷"。

陶器和瓷器最根本的区别在于"土"。一般认为,陶器是用一种特殊的黏土烧制而成,这种黏性较高、可塑性较强的黏土被称为"陶土"。而瓷器的主要原料是瓷石经过粉碎后的石粉,也叫"瓷土"。后来也有学者认为,可以根据施釉与否来区分是陶器,还是瓷器。但无论如何,区分陶器和瓷器最重要且最根本的依据在于采用陶土还是瓷土为原材料。

陶土中含有多种成分。黏土通常呈褐红色,在有的地区也呈黑色或灰色,品质也各有差异。瓷土亦是如此。

高岭土是烧制瓷器的最佳原料,最早在中国江西景德镇附近高岭山地区被广泛发现,因而得名。因其卓越的品质,高岭土成为瓷土的代名词。"高岭"一词的汉语拼音是"Gaoling",因此英语中根据音译,将瓷土译为"Kaoling"。陶坯,采用陶土制作,即使很薄,也不具备半透明的特点,而瓷胎如果够薄,可以几近半透明。换句话说,陶土是不透明的,而瓷土则具有半透明性。

陶土的烧造温度一般在600—1200℃之间。由于陶土中没有对器型起支撑作用的成分,在超过1200℃的高温下,陶制品会塌陷。因此,温度要控制在600—1200℃之间,一般在1000℃左右进行烧制。而瓷土需要在

1200℃以上的高温环境下烧制，因此瓷器的烧造温度控制在1200—1400℃之间，一般情况下，最理想的温度是1300℃。

陶器无论施釉与否，均统称为"陶器"。用瓷土制成的器皿，无论施青釉还是白釉，都被称为"瓷器"。换句话说，只有用"瓷土"制作的器皿，才是真正意义上的"瓷器"。这是关于瓷器的基本概念。但如果烧制温度低于1200℃，那便不能称之为瓷器。在超过1200℃的高温下，陶土会变得像麦芽糖一样柔软，因此不能用来制作瓷器。同理，瓷土也不能用来制作陶器。当窑炉温度超过1200℃时，瓷土中的玻璃态物质会发生熔融，从而生成瓷器特有的属性。

陶器和瓷器仿佛两条平行线，尽管烧制步骤类似，但绝对不能混为一谈。因此很早以前，人们就将"陶"和"瓷"的概念区分开来。韩国电视台每周日播出的纪录片《陶瓷》中介绍，陶器遍布世界各国，而瓷器却并非如此，有的是因为不了解烧制瓷器的瓷土，无法获取原材料，有的是因为技术问题无法实现。欧洲虽然很早便实现了现代化，但直至1709年才成

代尔夫特陶盘，18世纪，荷兰阿姆斯特丹国立博物馆收藏。

17—18世纪，欧洲在荷兰代尔夫特地区模仿从亚洲进口的瓷器，制造了软质陶器。代尔夫特陶器仿照中国瓷器的风格，体现了当时欧洲贵族追求华丽的审美风格。代尔夫特陶器主要包括食器、地砖、人物肖像等装饰性物品。

功制作出第一件瓷器，那已经是18世纪的事情了。但这并不能说明欧洲的制瓷能力欠缺，只是因为他们未找到瓷土的产地。

日本人根据施釉与否区分陶器和土器，他们把在成型陶坯上施釉的器物称作"陶器"，未施釉器物称作"土器"，但这种划分方法并不科学。自古以来，"陶器是指用陶土烧制的器皿"，这是一个约定俗成的概念，无关施釉与否。但受日本殖民统治的影响，韩国至今沿用日式术语——"土器"。日本的瓷器烧造17世纪以后才开始，而《高丽史》《朝鲜王朝实录》等古代文献中并未出现"土器"一词，查阅中国史料，同样没有关于"土器"的记载。

烧造陶器的人被称为"陶工"，烧制陶器的作坊被称为"陶窑"，而只剩下陶瓷烧造痕迹的地方被称为制陶遗址。不知大家是否听说过"制陶遗址勘探"一词？陶工指代制作陶器的工人，这与制作瓷器的工匠截然不同。在中国和韩国，制造陶器的人被称为制陶工匠，制造瓷器的人被称为制瓷工匠，二者有明确的区分，但在日本，却将这两大类工匠统称为陶工。实际上，制作陶器和瓷器时使用的辘轳车各不相同，窑炉也存在差异。一句话，"陶"和"瓷"是两种截然不同的器物。

在日本殖民统治时期，韩国民众学习和接受了大量的日本文化，将陶器和瓷器统称为陶瓷。直至今天，韩国一直沿用日本的表述方法。然而从语言使用的层面来说，这是韩国受日本影响，将这一错误叫法一直沿用至今。从历史的层面来说，韩国人常说"陶瓷史"，却从来不说"土瓷史"，在中国也只使用"陶器"一词。其实，无论经历了什么样的历史时期，事实终究无法改变。因此在近代化过程中使用日本的"土器"这一表述方法，难免失之偏颇。

大家对黏土了解多少呢？黏土是一种有黏性的土壤，具有较好的可塑性，但不是所有的泥土都可以称为黏土。有人认为，烧造温度低的称作土器，烧造温度高的称作陶器。但陶器中也有黏性小、可塑性低、不耐高温的软质陶器。因此，这种区分方法也不具有说服力。

朝鲜王朝初期的汉字学习教材《训蒙字会》中，将陶器称作黏土容器。黏土容器是朝鲜语的固有说法。因此今天，笔者认为要么应该使用朝鲜语的固有词，要么使用"陶器"，而非"土器"。考古学中还存在"瓦质土器"一词，但由于缺乏明确的区分标准，陶器、土器两种表述混用，因此在对文物进行更细致分类的过程中，逐渐出现了瓦质土器、石质土器、陶质土器等定义不清、模糊的概念。这就好比一步走错，满盘皆输。

"陶器"指代"用黏土制成的器具"，分软质陶和硬质陶两大类。笔者认为，对于陶器概念，理解到这一程度足以。软质陶有细微气泡，吸水性好。可以想象一下制作年糕时使用的蒸笼，想必很容易理解。而硬质陶与此相反，气泡较少，有助于防止水分流失。软质陶质地较软，用指甲轻划表面，会留下痕迹，而硬质陶十分坚硬，有些甚至如瓷器一般光滑透亮。

下面再进一步向大家解释相关概念。从20世纪80年代开始，韩国国立中央博物馆陆续举办了"高丽时期古陶器展"及"朝鲜王朝时期古陶器展"，这些展览一直使用"陶器"一词。《朝鲜王朝实录》中记载了"陶器所"一词，其他史书中也出现了"瓦器""陶器"等术语。1446年文字被创制颁布后，文献中一直使用"陶器"一词。在术语的使用方面，我们应该坚守原则，尊重历史，沿用自古流传下来的民族词汇，而不应该在吸收外国文化的过程中，丢失民族文化的根源。

接下来再看"瓷器"一词。世界上公认的制造瓷器最好的材料是中国江西省景德镇的高岭土。可能有的韩国人会误以为是韩国的高灵，但事实上那里不产瓷土。瓷土是一种将瓷石粉碎的粉末，混合带有黏性的矿物组合而成。

在古代，朝鲜民族将"瓷土"也称作"沙土"，意思是用石粉制成的泥。既然是用沙土制成的器皿，理所当然被称作沙器。因此，朝鲜语中还有"沙器碗、沙器杯、沙器匠"等词语。"沙器"一词在韩国被广泛使用，甚至青瓷也被称作"青沙器"。这叫法就如同我们有时称呼父亲，但有时也会称呼爸爸一样，"瓷器"和"沙器"属于同一概念，瓷器俗称沙器。

大家可能听说过"倭沙器""青沙器"等术语，《朝鲜王朝实录》中常常出现"白沙器"一词。《高丽史》中也有关于"青沙器""青沙砚"的记载。由此可见，"沙器"一词在朝鲜半岛的使用频率很高。而且韩国人经常将白瓷碗，称为白沙碗，意思就是用沙土制成的沙器碗。

在韩国，当我们将青瓷称作青沙器，白瓷称作白沙器时，有些人误以为，沙器质量逊于瓷器。也有人称沙器为"stoneware（粗陶）"，这是来源于对瓷器和沙器认识的误区，在中国和日本也不使用这一表述。就像陶器俗称"黏土容器"一样，瓷器俗称"沙器"。

不能因陶器和瓷器在朝鲜语中俗称"黏土容器"和"沙器"，就忽略"沙器"这一表述。19世纪朝鲜实学家李圭景（1788—?）在著作《五洲衍文长笺散稿》（译者注：研究古代朝鲜、中国及其他地方的科学技术史和民俗学的专著）中也提到，"沙器是瓷器的俗称"。沙器和瓷器为同一概念，"沙器"一词仅在朝鲜半岛被广泛使用。因此，在韩国也可以将青瓷称为青沙器，白瓷称为白沙器。

在韩国，通常将"粉青瓷"称作"粉青沙器"，但并非因质量逊于青瓷和白瓷，才得此名。上等的粉青沙器与青瓷，甚至与部分白瓷相差无几。但如今在韩国只有称"粉青瓷"时，才使用"沙器"一词，古代文献中也未出现"粉青沙器"这一概念。笔者仔细翻阅《朝鲜王朝实录》，并未发现朝鲜王朝初期使用过"粉青沙器"这一表述。世宗（1418—1450年在位）时期，朝鲜王朝共设有139处粉青沙器窑厂，均被称为"瓷器窑厂"，而非"沙器窑厂"。

从现有资料来看，朝鲜王朝的八个道（译者注：行政区域）均普遍烧制粉青沙器。虽然现在被叫作粉青沙器，但当时可能被统称为瓷器。既然青瓷和白瓷可以被称作青沙器和白沙器，那么粉青瓷当然也可以被称作粉青沙器。沙器和瓷器本为同一概念，但只有粉青瓷被称作"沙器"，似乎相对其他器物就显得质量低下，这从语用的角度来说失之偏颇。"粉青沙器"这一表述最早由高裕燮先生正式提出，并非依据古代文献资料，因为当时"粉青沙器"一词在社会上广泛使用，高裕燮先生便将"粉妆灰青沙器"缩写为"粉青沙器"。在今天来看，"沙器"一词可能会造成一定程度上的概念混乱，并且中国和日本并不使用"沙器"一词，语言虽然具有约定俗成的特性，但若没有确凿的来源依据，应予以修正。

提起李朝王宫画室，韩国人都记忆犹新。如今如果使用"李朝"这一字眼，有深受殖民史观影响之嫌。李氏朝鲜与室町幕府类似，采用开国君王的姓氏称呼朝代属于日语的表达方式，在今天的语用环境中着实不妥。韩国学者首次建议将"李朝时期"改成"朝鲜王朝时期"时，遭到了很多人的反对，但现如今大家都接受了这一建议。语言不是一成不变的，曾经

粉青沙器铁绘鱼纹瓶，15世纪后期，高29.1厘米，日本大仓文化财团收藏。

瓶身施有厚厚的白化妆土，用氧化铁颜料绘制出一条大鱼。相比同一时期的其他粉青瓷，鱼纹更大、更夸张，颇为怪异。这体现出创作者即兴发挥、不拘泥于形式的创作风格，有自由奔放之感。

各种釉色的青瓷碎片，韩国康津青瓷博物馆收藏。
通过观察青瓷碎片，不仅可以推测出青瓷的制作工艺，同时还可以欣赏到各式各样的青瓷。

在20世纪70—80年代广泛使用的词汇，如今很多被人们所摒弃。因此，如果能够找到确切的依据，应该努力积极修正。

如果将青沙器和白沙器称作青瓷和白瓷，那么粉青沙器也理应被称为粉青瓷。在本书中笔者将使用"粉青瓷"这一表述，这对于读者来说可能会有些生疏。有的人将"粉青沙器"缩写为"粉青"。那么按照这种观点,"青瓷"和"白瓷"就应该缩写成"青"和"白",这样一来,很难区分是指代陶器还是瓷器。因此,笔者认为"粉青"一词不能被推广使用。

瓷器成色与釉料的关联

青瓷指代在坯体上施以青釉,是青釉瓷器的缩写。白瓷是白釉瓷器的缩写。同理,黑釉瓷器也应简称为黑瓷。那么,如果改用陶土制成,便应称之为青釉陶器或白釉陶器。但问题在于青釉瓷器中的青釉并不一定能让瓷器呈青色。大家都听过《皇帝的新衣》这一故事吧?故事中的官吏连连称赞国王服饰华丽,只有一个男孩喊出皇帝没穿衣服。在大家看来,青瓷是什么颜色的呢?准确地说,朝鲜半岛的大部分青瓷是绿瓷,而不是青瓷。

李奎报(1168—1241年)的著作《东国李相国集》中,多次出现"绿瓷"一词。他仿佛就是《皇帝的新衣》中那个勇于道出事情真相的少年。事实上,正确的说法本应该是"绿瓷"。中国的青瓷也几乎是绿瓷,但中国的汝窑瓷器中也有呈天蓝色的精品之作。在古代,绿色和蓝色被统称为青色。青瓷包含暗绿色、灰绿色,每种颜色略有不同。根据釉料的使用情况,瓷器的色泽也略有差异,因此世界上没有色泽完全一致的青瓷。这些琳琅满目的青瓷颜色都被归于"青"这一范畴,甚至铁画青瓷也是如此,而且准确说来铁画青瓷其实并非绿色,而是暗黄色。

那为什么被叫作青瓷呢?因为根据釉料成分和窑内气温的不同,瓷器也会呈现出不同的颜色，但整体上都称之为青瓷。白瓷也有多种颜色，灰青色、乳白色、象牙色、蓝白色、雪白色、青白色等等，但都被笼统地划分为白色，统称白瓷。有些人也称之为青白瓷，灰白瓷。但实际上，白瓷的"白"是多种相近颜色的总称，青瓷的"青"也是如此。

下面具体分析釉料的特点。陶瓷表面都有一层玻化层，看上去有些光泽，这个玻化层其实是附着于陶瓷坯体表面上的釉。釉的主要成分是石英，同时也含有硅石、氧化铝、长石等成分。这些成分在高温下熔融后泛白，如同玻璃一样；并且植物残体燃烧后，所剩余的灰烬（草木灰）可以化成釉，也被称为灰釉。

从原始高丽青瓷出现伊始，人们就开始用草木灰制釉。草木灰在高温下熔融成青绿色的透明体。但并非任何一种植物的灰都可以用作青瓷的釉料。只有松树、橡树、榆树等少数品种的草木灰，因燃烧后的灰烬中含有硅石、铝等成分，在高温下熔融后才会形成玻化层。通常情况下，使用普通植物的灰烬制作釉料，瓷器表面会出现结晶体，这种釉料属于低质釉料。优质青瓷所需的釉料更为严苛，首先，从植物中获取的釉质成分中必须含有长石成分，而长石成分主要从溪水里的石头中获取。先用火加热长石，待它变软时，放入石臼中充分碾碎，再用筛子过滤，制成面粉状小颗粒。将这些粉末与植物灰充分混合，便成为翡色青瓷的釉料。植物灰和长石以3∶7比例混合，才是最佳配制比例。

此外，植物灰中含有铁等显色成分。当釉料中含铁量较多时，呈暗绿色；含铁量较少时，则呈淡绿色。定量分析显示，当青瓷中的含铁量占约3%时，成色最佳。自古以来，哪一种树灰中有3%的含铁量始终是一个谜。相传，制瓷所的主人会锁上大门偷偷制作釉料。

高丽青瓷的秘密就在于工匠们使用的草木灰。今天，高丽青瓷对于我们来说依然十分神秘，原因就在于不清楚具体使用了哪一种树木的灰。但目前可以找到的一个线索是，海刚柳根滢先生毕生致力于重现高丽青瓷辉煌，他生前以口述的方式出版了书籍。书中透露，他本人在制作釉料时使用了蕨草灰。

第二章

青瓷诞生的时间与经过

10—11世纪

第二章主要介绍高丽早期青瓷，详细介绍青瓷首次出现的时间及其发展脉络。

探索高丽青瓷的源头

高丽青瓷（以下简称"青瓷"）在世界上享有盛誉，是朝鲜民族的骄傲和自豪。但关于青瓷的起源仍有诸多谜团，例如，最早的青瓷是什么时间出现的、如何制成的？是否依靠朝鲜民族自身的技术制作而成？最早的青瓷是什么造型？等等。翻阅《高丽史》《高丽史节要》等历史书籍和文献，都没有发现有关高丽青瓷的记载。究竟是哪个时期的文献遗失了？还是没有被研究人员发现？又或是根本没有留下关于青瓷的记载呢？关于早期青瓷制作的真实情况至今谜团重重。

现如今，我们只能通过考古学研究的方法来了解早期的青瓷，即通过发掘古墓、塔、浮屠、古窑址和其他历史遗迹等，对出土的各类文献和文物进行比较，搜集与青瓷相关的历史资料。此外，通过比较高丽时期早期青瓷窑与中国瓷窑的异同点，推测其具体结构；通过将中国青瓷与朝鲜半岛早期青瓷进行对比，推测当时中国青瓷的制作技术是否已传入朝鲜半岛，如果是，大致为哪一个时期；等等。

截至目前，与青瓷相关的考古学研究成果大多在1980年以后。这一时期，韩国国立中央博物馆和湖南文化遗产研究院等，对位于韩国康津龙云里和三兴里的几处青瓷窑进行了联合发掘。韩国京畿道的龙仁西里和始兴芳山洞窑址也在这一时期被调查发掘。

当时的考古人员也对朝鲜白川圆山里青瓷窑址进行了发掘。据推测，此遗址是朝鲜半岛历史最悠久的青瓷窑址。窑业始于中国唐代末期9世纪后半叶，历经五代十国，终止于南宋，前后近300年的历史。期间，瓷窑经过多次修缮和改建，器皿的制作工艺和烧造方式不断发展变化。通过平均6—10米的厚堆积层，可以看到不同时期各式各样的青瓷。瓷窑中青瓷的出土时间相当于中国五代末期、北宋初期（960—982年），这些青瓷的造型和窑具的使用情况与高丽早期青瓷窑中出土的文物十分类似，这对推断高丽青瓷起源有着重要意义。该窑的结构与浙江省文物考古研究所和北京大学联合发掘的浙江寺龙口窑址也十分相似。

中国有很多青瓷窑，世界闻名的越州窑便位于今天的浙江省宁波市附近，越州窑与早期高丽青瓷的诞生息息相关。浙江省文物考古研究所和慈溪市文物管理委员会办公室考古工作者对位于浙江省慈溪市上林湖越窑遗址的荷花芯窑以及位于慈溪市寺龙村的寺龙口窑等进行了发掘。

20世纪80年代至21世纪初，中国、朝鲜、韩国积极开展青瓷的考古发掘工作。虽然成果并不十分丰厚，但一定程度上对早期青瓷的制作情况有了一定的了解，并且还举办了早期青瓷文物特别展。例如2004年，在韩国

朝鲜黄海道白川圆山里青瓷窑址
制作早期青瓷的砖窑，992年出土了"宋淳化三年"铭文。

海刚陶瓷美术馆的支持下，日本大阪市立东洋陶瓷美术馆推出"青瓷诞生特别展"。在这次展览中，许多文物首次与公众见面。

事实上，自20世纪80年代起，韩国美术史学界关于青瓷诞生时间就展开了激烈的争论。随着相关主题论文的不断发表以及学术交流的持续推进，关于青瓷起源的真相逐渐浮出水面。

我们首先来揭晓青瓷最早产生的时间。研究成果表明，朝鲜半岛的青瓷诞生于970年，即10世纪后半叶。当时高丽光宗在位（949—975年），人们首次烧造青瓷。其实最早的青瓷烧制地点并非韩国全罗道康津、扶安、高敞和海南。但直到20世纪80年代，学界仍普遍认为，青瓷最早产生于韩国全罗南道康津地区。因此，康津被称为青瓷之乡。

后来，在20世纪80—90年代，经过多次调查发掘，证实康津并非青瓷的发源地。通过考古层位学研究发现，最早的瓷窑位于韩国京畿道一带，而康津从第二个阶段才开始烧造青瓷。在韩国家喻户晓的早期青瓷窑是位于韩国京畿道始兴市的芳山洞窑。

位于韩国龙仁爱宝乐园旁的西里窑址也属于早期窑址，时间上晚于韩国京畿道始兴市芳山洞窑。后来，在韩国骊州中岩里也发现了窑址。朝鲜在礼成江流域对开城附近展开挖掘工作后发现白川圆山里为早期窑址（上述窑址的调查发掘报告均已发布）。

此外还有一些窑址的部分地表调查结果证实，朝鲜半岛最早的瓷窑在位于韩国中西部地区的京畿道和黄海道一带，具体分布于高阳市元兴里、平川凤岩里、杨州釜谷里等地。令人吃惊的是，这些瓷窑的窑顶均由砖石砌成，砖窑像火车隧道一样呈拱形，也被称作隧道窑。窑身通常接近40

米，此类长窑在公认的瓷器发源地——全罗道康津、海南、扶安等地均未被发现。全罗道地区采用黏土砌窑，窑身20米左右，较早期瓷窑约短1/4至1/2。

20世纪八九十年代，大量调查发掘显示，韩国中西部地区的砖窑与西南地区的泥窑完全不同。在针对早期青瓷展开学术研究的初期，砖窑和泥窑诞生时间的先后问题一直未找到答案。后来通过对韩国龙仁西里窑址进行勘察发现，当时人们在废弃的砖窑上建造泥窑。这一调查结果是采用考古层位学的研究方法，揭示出先有砖窑后有泥窑这一事实。那么，砖窑到底是什么时期开始的呢？针对这一疑问，我们尝试通过朝鲜方面的资料寻找答案。

从20世纪80年代开始，朝鲜也对各类窑址开展了大面积的调查发掘工作。最终，在开城周边的白川圆山里砖窑中出土了带有明确年份的高足杯祭器。此祭器的底足部位刻有北宋"淳化三年"（992年）这一铭文，此祭器在高丽王族祭祀祖先的太庙中被用来盛酒或食物。这一发现将砖窑的年代至少可以追溯至992年，这对青瓷的研究工作具有重大的指导意义。

令人意外的是，在白川圆山里砖窑中居然发现了青瓷工匠的名字，一般青瓷工匠的名字几乎无人知晓。朝鲜王朝时期的制瓷人大多为无名匠人，而白川圆山里出土的青瓷高足杯祭器，底部却清晰地刻有铭文"淳化三年壬辰太庙第四室享器匠王公托造"，同时还刻有其他制瓷人的名字——崔氏、沈氏、李氏。

高丽王朝，又称王氏高丽。王姓作为王族，怎么能成为青瓷匠人呢？从这一点来看，这里注明的制瓷人也许并非高丽人，而是中国北宋人。高

青瓷 "淳化三年"铭高足杯祭器，992年，朝鲜白川圆山里窑址出土，高25厘米，朝鲜中央历史博物馆收藏。

高丽王室祭祀时使用的器具，是截至目前发现的青瓷中较为古老的祭器。虽为青瓷，但因烧造过程中受空气氧化而呈褐黄色。

丽初期几乎不使用姓氏，进入朝鲜王朝时期后，中人（译者注：是指朝鲜王朝时期两班阶层和平民阶层之间的"专业技术者"阶层）以上阶层才使用姓氏。因此，白川圆山里窑址中所发现的青瓷工匠人的姓氏很可能是当时北宋制瓷人普遍使用的姓氏。近年来，992—993年使用的窑址中也出土了部分器皿，根据这些器物在烧造过程中使用的窑具相关资料显示，北宋制瓷人或多或少地参与了高丽青瓷的制作。

还有一个值得关注的类似文物是韩国梨花女子大学博物馆收藏的青瓷"淳化四年"铭壶。壶身全施黄褐色釉，底部刻有铭文"淳化四年太庙第一室享器匠崔吉会造",这对于高丽青瓷研究来说,是一份重要的参考资料。铭文的意思是,993年,在宗庙第一室使用的酒坛,由崔吉会制作而成。起初被误认为是白瓷,但朝鲜白川圆山里窑址发掘的勘察结果,以及后续出土的其他淳化年间文物可以证实,此器物为极其珍贵的早期高丽青瓷。根据壶身形成的釉色可以推测,当时砖窑制作青瓷时,采用氧化气氛烧成。这与中国的越窑青瓷烧造工艺完全相同。

那么,在高丽青瓷出现之前,朝鲜半岛使用什么器皿呢?从出土文物来看,大多数为陶器,即黏土容器。当时代表性的陶窑有韩国保宁真竹里窑、韩国灵岩鸠林里窑等,这些都是9—10世纪的土窑。在这些窑址中并未发现青瓷碎片。那么,陶窑和瓷窑之间到底有何关联?对此,我们可以从韩国始兴市芳山洞窑中寻找答案。

韩国始兴市芳山洞窑原本是陶窑所在地,是一座10世纪时的陶窑,考古层位学研究结果显示,当时在上面建造了中国式砖窑,用于制作青瓷。接下来,让我们通过这个长达40米的砖窑,剖析高丽与宋朝之间的陶瓷文化交流。位于中国浙江省的越州窑被誉为青瓷的摇篮,自1世纪起,那里便烧造青瓷,10世纪以后,浙江省慈溪市上林湖一带的青瓷窑已有数十处。

20世纪90年代初,浙江省文物考古研究所会同浙江省慈溪市文物管理委员会,根据周边环境、地形等,对慈溪市寺龙口窑和荷花芯窑进行了连续性发掘。这些砖窑长40米,拥有7个出入口,朝鲜半岛中西部地区的砖窑造型结构与之完全一致。朝鲜半岛的匣钵等窑具也与之相差无几。此外,出土文物也是如此,在朝鲜半岛砖窑出土的青瓷碎片中,青瓷执壶、盏托、瓶、壶、碗等器型皆与中国青瓷相似。考古发掘证明,朝鲜半岛早期青瓷文物与北宋初期960—982年制作的器型完全相同。

韩国国立中央博物馆研究员金英美老师曾参与浙江寺龙口窑址的发掘工作，并在北京大学以"越州窑研究"为主题发表论文并获得博士学位。她曾在中国和韩国发表重要的考古成果：朝鲜半岛早期砖窑与中国浙江寺龙口窑址堆积层中的960—982年层位有关。金英美老师的研究结果显示，当时一些制作越窑青瓷的工匠们去了朝鲜半岛。笔者认为，越窑工匠们不仅到了高丽，而且协助培养出了一大批高丽制瓷领域的能工巧匠。

青瓷碗的流行

8世纪，统一新罗时期，当时的社会主要流行制作印花纹陶器和素面陶器。这一陶器的制作传统一直延续到10世纪。自9世纪开始，中国青瓷作为一种新的文化，传入朝鲜半岛，其原因在于当时佛教一大分支——禅宗对中国产生的强烈影响进而影响到了朝鲜半岛。

早在6世纪，禅宗就由达摩祖师传入中国，但并未受到当时人们的普遍欢迎。9世纪时，唐朝逐渐走向没落，出身豪族的各地藩镇节度使势力不断壮大。在这一过程中，藩镇节度使们逐渐接受禅宗，利用宗教巩固自己的势力。禅宗主张，人人都有佛性，都能通过顿悟，即身成佛。这种任何人都能自力更生、成就霸业的思想也让地方权力者们有了觊觎皇帝宝座的野心。

随着禅宗在中国的迅速传播，9世纪前半叶时传入朝鲜半岛。道义禅师等人入唐学成后返回新罗，在地方豪族的协助下，着手弘扬禅宗。当时（9世纪），统一新罗发生内乱，地方豪族势力趁乱自立，为了寻求精神支柱，他们邀请禅宗禅师，在自己的势力范围内修建寺庙。禅门九山中的韩国南原实相寺和长兴宝林寺便是其中的代表。如此，在豪族势力的支持下，各大寺庙迅速遍及全国各地。

禅宗主张人人皆可顿悟、不立文字，即学问并不重要，众生心有觉悟即可成佛。这种思想让地方豪族获得了精神救赎。在混乱动荡的局势下，禅宗思想在朝鲜半岛得以广泛传播。

"禅茶一味"，茶道从禅宗而来，以禅宗为皈依。相传，自中国神农氏起，茶被称为万病之药。朝鲜半岛的古文献中记载，7世纪善德女王统治时期，曾到南山向弥勒世尊供茶。在古代，茶能让人保持清醒，因而异常珍贵。大部分韩国人认为，9世纪上半叶，唐使大廉将茶籽带回，种于韩国智异山下的华岩寺和双磎寺周围，开始了朝鲜半岛地区的茶叶栽培与种植。

禅宗主张顿悟，修禅是顿悟的重要途径，坐禅为禅宗的主要修行方式，即像达摩祖师一样打坐修行。坐禅时应保持清醒，但禅门僧众饭后容易产生困顿。僧人们坐禅时需要清醒的头脑并且集中精力，现在虽然有咖啡醒脑，而在当时，只有茶中的咖啡因成分可以帮助禅僧们提神不寐、保持清醒。

茶文化在与禅宗思想的结合交融中得以广泛传播。赵州禅师"吃茶去"这一典故在历史上久负盛名，这便是他所倡导的"茶禅一味或禅茶一味"一说的由来。可见，当时的人们将喝茶作为静心修行得法的主要途径。禅茶一味的思想在社会上掀起了饮茶热。

浙江省是中国茶禅文化的重要起源地之一。五代十国时期，浙江是吴越国的所在地。吴越王积极鼓励茶叶种植，经济繁荣，在国家的支持下，禅宗得以迅速发展。起初,吴越王用陶器冲泡绿茶,但陶器做工粗糙,无法呈现茶的色泽,因此不适合泡茶。而木器缺乏韵味,漆器因为自身颜色的缘故,很少被用作茶具。银器导热快,也不便于用来泡茶。相比之下,玉器最受喜爱。

当时饮用的是粉末茶,需将茶叶烘干、碾碎成粉末后进行冲泡,而非使用茶壶直接沏泡。粉末茶必须盛在小碗中饮用,这个小碗比今天的茶盏略大,比汤碗略小,因用来泡茶,被称作茶碗或茶具。起初使用白玉或青玉茶碗,自古以来,玉便被赋予一种神秘的力量,因此极受王公贵族的追捧。但玉碗脆弱易碎,而且价格昂贵,不得已只好采用浙江地区制作的青瓷代替。当越州窑模仿青玉制成青瓷茶碗后,很多茶人认为,这种青瓷茶碗具有某种神奇的功效。并且他们相信,茶与器,二者相互融合,有助于丰富精神世界。

中国青瓷花瓣形盏, 9世纪,韩国益山弥勒寺址出土,高5.7厘米,韩国弥勒寺址文物展示馆收藏。
该越窑青瓷口沿部位有一道凹槽,杯身呈花瓣状。新罗末期、高丽初期,地方豪族和寺庙势力十分渴望得到中国的青瓷。

随着社会上对茶碗需求的不断增加，茶碗价格也随之飞涨，甚至高于黄金。随着社会需求的增加，中国浙江地区制作了大量的青瓷。更直观地说，如果一座瓷窑烧造1000只器皿，其中茶碗的数量会有600—700只。此外，浙江地区还烧制盏托等。

9世纪时，茶叶和茶盏从中国唐朝传入高丽。此时正值新罗名将张保皋（？—846年）极盛时期。820—830年，新罗僧侣和留学生从唐朝学成回国时，带回了茶和茶碗。有的带回中国白瓷，有的带回越窑青瓷。好比20世纪70年代，韩国人一去美国，就争相购买金宝（Choice）咖啡带回国。可以说，那一时期的中国茶碗，与20世纪七八十年代欧洲的骨瓷茶具最初进入韩国茶馆时一样，受到了极大的欢迎。

当时的人们十分珍惜茶碗，文物上还留有破损部分用铁补缝的痕迹。韩国国立文化遗产研究所针对益山弥勒寺僧房旧址9世纪时期的地层进行了长达15年的挖掘工作，出土了多件青瓷碗、白瓷碗和其他瓷碗残片。最初研究人员不清楚这些碗的用途，但现在可以确定就是当时使用过的茶盏。

不仅如此，韩国皇龙寺遗址、雁鸭池等30多处9世纪遗址中均出土了大量茶盏，可见当时对茶盏的需求极大。随着中国唐朝灭亡，进入五代十国时期以后，茶碗的需求量更是急速增加，价格暴涨，供不应求。

高丽青瓷的诞生

高丽建国时，正是中国五代十国与契丹政权纷起的时期。这一时期，大量中国人为躲避战乱，进入朝鲜半岛。据推测，一同过去的还有青瓷工匠，他们进入朝鲜半岛后，帮助高丽培养陶匠。当时，吴越国的越窑青瓷制造技术名震天下。吴越国的统治者钱氏十分喜爱青瓷，掌控窑场以垄断青瓷生产，烧造用器作为御用及贡品，积累了大量财富，并将青瓷的釉料配方、制作工艺保密，有效地保护了越窑青瓷烧造技术不被外传。

但960—978年，即吴越国灭亡、北宋建立以前，吴越国周边很多政权纷纷聘请越窑工匠。随着部分越窑青瓷工匠迁至其他地区，当时世界上规模较大的窑业中心——龙泉窑正式启幕。中国龙泉窑的兴起与越窑的衰落发生在同一时期，而景德镇窑场同样是在模仿越窑青瓷的基础之上建设而成。新安近海地区出土的文物中，绝大多数为中国龙泉窑和景德镇制作的瓷器。如此可见，越窑工匠们对于中国瓷器的发展做出了重要贡献。

中国五代十国时期，在光宗实施的一系列政策之下，高丽王朝的王权得以稳固。光宗积极吸收中国文化，自然也会厚待远道而来的越窑工匠。吴越国灭亡后，越窑工匠们仍在周边地区继续烧造青瓷。笔者认为，文物上印刻的王公托、崔吉会、沈氏、李氏便是从吴越进入高丽的青瓷工匠。他们到达高丽后，便在始兴芳山洞、白川圆山里和龙仁西里等地建造砖窑。始兴芳山洞地区不仅有适合烧造青瓷的瓷泥，在那里还发现了陶工活动的痕迹。白川圆山里地区也有一座陶窑，陶窑上面还建造了用于烧造青瓷的砖窑。在龙仁西里地区虽未发现陶窑，但瓷器的制作过程大体相似。

始兴芳山洞砖窑位于韩国西海岸海边，是迄今为止朝鲜半岛最古老的早期青瓷窑。经1997年和1998年两次调查发掘，按照从窑进口到烟道的长度计算，已出土的窑身长约40米。发掘结果显示，窑壁和窑顶皆由土坯砖砌成，而这也是大部分中国窑的特点之一。窑砖砌筑是中国古代的瓷窑中最常见的建造方法。

韩国京畿道始兴芳山洞早期青瓷砖窑遗址
韩国西南地区出土的早期青瓷窑大部分由土坯砖砌筑而成，窑身长40米，宽2米，侧面有7个进出口。

在发掘过程中还出土了许多瓷器和各种窑具，其中有一件窑具最值得关注。这件窑具仿佛一把解开谜底的钥匙，上面刻有"奉化"铭文。奉化位于吴越境内，这一地区现存的窑址中至今仍保留着10世纪烧造青瓷的痕迹。始兴芳山洞的出土资料显示，奉化地区的越窑青瓷工匠们曾在这里活动。盘状青瓷盖上，刻有"甲戌"干支铭文，推测为974年制作而成。由此可以确定，974年左右始兴芳山洞砖窑已经成功烧造了青瓷，而这一时期正好是光宗年间。

目前为止，无任何考古资料表明高丽青瓷最早产生于康津地区。白川圆山里地处朝鲜半岛中部，由此可以推断，高丽光宗年间，为满足统治阶层的需求，在越窑工匠的帮助下，于中部地区率先开始烧造青瓷。

笔者认为当时大批中国工匠移居朝鲜半岛，首先在高丽首都开城周边筛选哪个地区的泥土适合制作瓷器，然后将中国的青瓷技艺传授给高丽陶工。当时被选定的地区有始兴芳山洞、白川圆山里、龙仁西里等。最初，这里建造了许多中国式砖窑。但朝鲜半岛与中国江南地区不同，天气寒冷，早晚温差较大，冬天过后窑体坍塌，需要屡次修复。现如今，这些痕

韩国始兴芳山洞窑址出土文物，韩国海刚陶瓷美术馆收藏。

在中国浙江省慈溪市寺龙村窑址堆积层中挖掘发现的五代末期、北宋初期（960—982年）文物，在韩国始兴市芳山洞窑址中也发掘出土过类似文物。出土瓷瓶的注口均为垂直筒形。假若朝鲜半岛青瓷的出现与9世纪的唐朝有关，那么出土容器的注口应像唐代器物一样采用短口。但截至目前，从早期青瓷砖窑中出土的五代时期文物碎片来看，均为直口。

迹已被窑址考古发掘证实。白川圆山里地区至今还留有三次修复痕迹。因此，为适应高丽的自然环境，人们开始在南部地区建造泥窑。

事实上，青瓷制作技术刚从中国传入时，经过在高丽本土化处理后，烧造的青瓷在技术层面上存在显著差异。康津、扶安的青瓷要经过二次烧成，即在施釉前后各进行一次烧制。而早期中西部地区的瓷窑却只经过一次烧成，发掘现场迄今没有发现第一次素烧的瓷片。当然，中国也没有素烧碎片出土。由此推测，早期青瓷的烧造成功率可能很低。不仅如此，早期青瓷呈土黄色，这虽与当时的器型、釉料、瓷窑、烧造方法等有很大关系，但同时也与一次烧成的中国式烧造方法直接相关。

经过一段相对安定的时期后，从993年至1019年近30年的时间里，契丹曾三次攻打高丽。这一时期，先后诞生了朝鲜半岛历史上著名的徐熙

第二部 第二章 青瓷诞生的时间与经过 157

（942—998年）、姜邯赞（948—1031年）将军。契丹大军攻破开京，国王显宗（1009—1031年在位）仓皇逃往罗州。在罗州期间，除需供王室使用的青瓷茶盏外，还需要盛装食物的器皿。为了满足这一需求，康津和高敞地区开始建造窑身20米以下的泥窑，代替中国式砖窑。泥窑是朝鲜半岛青瓷发展第二阶段的产物。笔者认为，这是高丽窑工们在丰富实践经验积累的基础上，根据朝鲜半岛的地理环境，制作出的小型高效泥窑。

此后，康津和高敞窑也尝试二次烧成。虽然有的器型效仿中国青瓷，但也有的借鉴了高丽陶器的器型特点。而且这一时期，青瓷的颜色也从褐绿色变为青绿色，各式各样的中式窑具已停止使用，改用与高丽烧造方式相匹配的窑具。尽管青瓷制作第二阶段的起始年代迄今未详，但笔者认为应该在契丹高丽三次战争结束，即1020年以后。整体来看，970—1020年主要引入中国技术，是青瓷制作的第一阶段。当时，高丽可能是世界上唯一引进中国制瓷技术的国家。

第一阶段发生在中国北宋建立前后，五代十国之一的吴越国灭亡，青

韩国康津三兴里泥窑全景
此泥窑是首个发掘出土日晕底青瓷碗的烧造泥窑，长约10米，建造于1020年前后，部分窑体采用废匣钵和石材加固，属于青瓷发展的第二阶段，主要出土文物有日晕底青瓷碗。

瓷工匠流落各地，为高丽青瓷的诞生提供了条件。第二阶段是因为契丹与高丽的30年战争，随着高丽王室逃往全罗道地区而形成的。为了便于用水路将瓷器运抵开京，当时的工匠们开始在韩国康津湾和茁浦湾附近的康津和高敞地区烧制青瓷。笔者认为第二阶段是从这一时期开始，到11世纪末与宋朝交好。如此可见，10世纪后期，首先在开京附近烧造早期青瓷，王室迁至全罗道地区以后，随着以绿色为基调的青瓷大受欢迎，康津和高敞便成为青瓷制作中心。从此，两个地区的制瓷业展开了激烈的竞争，12世

青瓷盏托，11世纪，高8.6厘米，韩国湖林博物馆收藏。
早期高丽青瓷台盏。与日晕底青瓷碗一道在康津龙云里窑址中被发掘出土。整体呈花瓣状，盏座略高。通过比较出土文物的器型，可深入了解早期高丽青瓷的制作情况。

带盖青瓷碗，11世纪，高7.2厘米，韩国成均馆大学博物馆收藏。
深绿色带盖青瓷碗。按照传统，朝鲜半岛青瓷的碗盖通常罩于碗上，而日本青瓷的碗盖则内合于碗口内。碗盖不仅可以防止食物受到污染，用餐时也可用作餐碟。碗盖和底足皆用灰白色耐火土支钉烧造而成。这一烧造方法是11世纪青瓷的主要特征。

纪后期，主要集中于康津和扶安地区。

迄今为止，韩国保宁真竹里和莞岛青海镇的张保皋遗址中尚未发现高丽青瓷。尽管有学者认为，在张保皋时期青瓷已经出现，但这一说法缺乏考古实证。

关于高丽早期青瓷的烧制时间，可以通过日晕底青瓷碗寻找到一丝线索。日晕底青瓷碗器型特征突出，圈足底部足墙宽阔，整体形如日晕，因此崔淳雨先生将其称作"日晕底"。在日本被称作"蛇眼高台"，在中国，因其底足造型酷似古代玉璧，被称作玉璧底碗，主要流行于9世纪唐

日晕底青瓷碗碎片，韩国康津龙云里窑址出土，直径5.6厘米，韩国海刚陶瓷美术馆藏。

朝后期。由此，笔者推断高丽早期类似青瓷器底大约出现在唐朝末期，早期青瓷的起始年代应为9世纪。但此前的发掘成果显示，朝鲜半岛中西部地区砖窑堆积层最下面的地层要早于日晕底青瓷碗的地层，出土文物与中国五代十国及北宋时期的文物类似。五代十国及北宋时期，中国瓷器的底足再次变小，朝鲜半岛早期青瓷亦是如此。因此，学界出现了这种误解。

韩国京畿道龙仁西里中德村窑址的堆积层，长80米、宽50米、高6米，呈大M形。此窑址分别于1984年、1987年和1988年进行了三次发掘工作。经挖掘，窑址中出土了最早的砖窑窑具和最长的泥窑窑具，经遗址地层堆积分析，确认了与日晕底相关的四个地层层位。

第④层位于堆积层最底端，是历史最为久远的地层，厚约2米。这里发现了选用优质耐火土制成的薄壁匣钵残片。第③层堆积较薄，包含少量瓷器残片和大量白瓷，主要以瓷碗和瓷钵为主，此外还发现了零星几片日晕底残片。第②层为厚匣钵和砖窑废弃物堆积层，发现了典型的日晕底白瓷碗，以及少量青瓷足墙宽度1—1.5厘米。由此可见，日晕底白瓷碗的烧造从这一时期正式开始，内底圆刻，非叠烧而成。第①层位于最顶部，主要含有大量厚重的匣钵，属于泥窑堆积层。这一层位的形成时间晚于日晕底白瓷碗，出土了器型和足墙较窄的粗瓷碗以及叠烧而成的粗瓷盘。

综上所述，圈足、底面宽阔的日晕底青瓷碗主要出土于龙仁西里窑址的第②层和第③层。按照这一分类标准，在第④层发现的器型，足墙均窄，被归类为先日晕底瓷碗。第②层的部分器型以及第①层的全部器型足墙再次变窄，被称作后日晕底瓷碗或退化日晕底瓷碗。

高丽时期烧造的日晕底青瓷碗足墙宽度大多为1厘米左右，而中国的此类茶碗足墙宽度大多为1.5厘米左右。9—10世纪时，中国茶碗的足墙缩小至0.5—0.6厘米，且逐渐发展为双圈足。朝鲜半岛的所有遗址中均有青瓷碗出土，其中，不仅有从中国传入的茶碗，还有高丽独立烧造的茶碗。中国茶碗足墙更宽，且上面有7—8处耐火土支钉烧造的痕迹，而高丽茶碗的足墙上一般只有4处。

不仅如此，日本九州地区的大宰府遗址中也出土了高丽日晕底青瓷碗。在11世纪后半叶至12世纪初期的地层中，同时出土了中国的白瓷碗和日本的土师器。1051年以后，文宗时期，高丽与日本实现往来，文献记载与出土文物在时间上完全吻合。

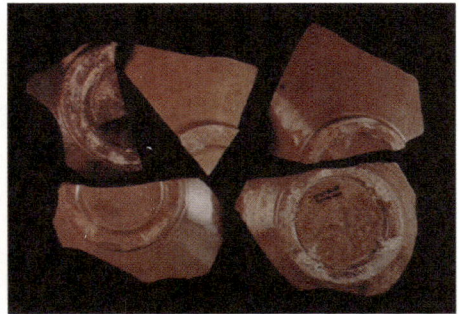

韩国国内遗址出土的中国青瓷碗底残片

高丽时期青瓷虽闻名于世，但也烧造了大量陶器。最近的古墓发掘工作证实，同一种器型不仅被制成金银器，同时还被制成青瓷器或陶器。不仅如此，相同器型的青瓷器之间也存在极大差异。无法使用优质青瓷器的庶民阶层只能选用劣等青瓷器或陶器。考古还发现，高丽早期陶窑烧造的器皿中并无青瓷器，这足以证实，当时各器型之间原材料使用情况大不相同。

第三章

高丽翡色青瓷的问世

12—13世纪上半叶

在第三章让我们一同领略高丽青瓷绚烂绽放的时期。12世纪至13世纪前半叶，前后150年的时间是朝鲜半岛青瓷制作工艺发展的黄金时期，在这一时期，诞生了珍贵的国宝级高丽青瓷和大量的优质文物。作为高丽陶瓷的杰出代表，各式各样的翡色青瓷纷纷登场，象嵌青瓷也在这一时期问世。青瓷是如何发展起来的？本章将通过分析这一时期的发展脉络，阐述青瓷制作技术正是当时时代环境的产物。换句话说，高丽中期的社会背景造就了高丽青瓷。

高丽贵族社会的形成

文宗（1046—1083年在位）是高丽时期著名的君主，高丽文化的发展于11世纪后半叶文宗在位期间正式拉开帷幕。这一时期，高丽结束了内忧外患的阶段，进入了平稳发展的时期。文宗励精图治，稳定民生，发展文化。据《高丽史》记载，文宗开创了太平盛世的大好局面。众所周知，高丽佛教领袖——大觉国师义天便是文宗的儿子。11世纪初期，显宗在位时，高丽常遭受契丹入侵。在抵御侵略的过程中，武臣势力逐渐抬头，建立了百年的武臣政权体系。与此同时，文官势力愈发削弱。

11世纪后半叶，文宗深刻认识到，要想壮大引领社会发展的统治阶层，必须发展教育和文化，从而掀起了类似今天的教育热潮。以高丽时期学者崔冲（984—1068年）设立的九斋学堂为代表，这一时期，私学与官学一道迅速发展。文宗通过科举制度，选拔任命地方官员，打造了即便是贵族子弟也只有通过读书才能为官的良好社会氛围。虽然佛教是高丽的国教，但这一时期高丽却在文化上推崇儒教。文宗认为，儒家思想强调忠孝，有利于治国安民，并将《论语》《孟子》《中庸》《大学》正式确定为科举考试科目。中国使臣也在那时的文章中描述到，高丽到处可以听到琅琅读书声。

12世纪，中国南宋建立，以士大夫为中心，从人文和自然科学层面创造了文化发展的巅峰时期。在契丹的胁迫下，高丽被迫一度断绝与宋朝的关系。但随着文化需求的增加，高丽更加深刻意识到与宋朝交往的必要性。在这种大环境下，宋朝的书籍和文化逐渐重新流入高丽。

继文宗之后，12世纪上半叶，睿宗（1105—1122年在位）和仁宗（1122—1146年在位）对高丽文化的发展做出了卓越贡献。睿宗和仁宗均在宋朝文化的熏陶下长大。据《高丽史》记载，睿宗、仁宗十分喜爱儒家文化。睿宗在开京王宫专门设置"清燕阁"，相当于今天的韩国国立图书馆，收藏汉文书籍数万册。此外，睿宗还积极学习宋朝先进的礼仪文化，引进"大晟雅乐"，并将其运用在宫廷仪式中。大晟雅乐自传入朝鲜半岛后不断发展，朝鲜王朝时期成为宫廷音乐。

睿宗、仁宗在位期间，高丽不断引进宋朝的各种先进文化，并根据高丽的实际情况加以改进和吸收。这一时期，金富轼（译者注：高丽时期学者）主持编撰的重要历史书籍中还采用了从中国引进的纪传体形式，这不仅是高丽吸收中华文化成果的具体体现，也反映当时高丽文人对中国文化的喜爱。

为保障各级贵族能够享受特权，往往需要有配套的国家制度为此提供基础。在此背景下，功荫田柴科制这种由国家支配的土地制度，在保障贵族阶层经济生活富足的前提下，享受文化生活。田柴科制向五品以上官吏分发耕地和山林，保障其生活，促进了高丽贵族社会的发展。制度健全、教育兴盛、文化繁荣，是高丽贵族社会得以维系的重要基础。

青瓷桃形砚滴，12世纪（高丽时期），高8.7厘米，第1025号国宝，韩国三星Leeum美术馆收藏。为满足高丽贵族的需求，高丽时期烧制了各式各样的砚滴。该砚滴为带叶桃实式，器表施深翡翠色釉，小巧精致，可单握于掌上，虽造型华丽，却做工简单。高丽时期青瓷桃形砚滴十分罕见，因此极具收藏价值。

异彩纷呈的中国宋朝文化

在中国历史上，宋代是一个承传开拓、璀璨恢宏的朝代。宋代出现了许多划时代的创新成果。众所周知，世界伟大发明之一的指南针便在宋朝得到了高质量发展。元朝时期，指南针通过东西方交流传入欧洲，为瓦斯科·达·伽马等航海探险家发现新大陆做出了巨大贡献。

此外，人类历史上具有划时代意义的另一项发明——火药，为背刀提弓拉箭的冷兵器战争带来了巨大的变化。可以说,火药改变了战争的形态,改变了世界的格局。随着文化水平的提高,出版需求越来越大,印刷技术也得到了极大的发展,是人类印刷史上一次伟大的技术革命。综上,中国古代的四大发明,其中有三项与宋朝有关。

在精神层面,宋朝时期儒家思想发展迅速,为朱子学的诞生奠定了理论基础。随着朱子学传入朝鲜半岛,李滉(1501—1570年)和李珥(1536—1584年)等一批儒学大家应运而生,性理学逐渐成为朝鲜半岛的主流学术。宋朝依靠发达的科学技术,大力提高农业生产力,不断进行商业活动,还与阿拉伯等国家积极开展海外贸易。这一系列的举措,使宋朝实现了多元文化发展,国力强盛,百姓生活富足。

随着社会安定,百姓生活无忧,饮食文化逐渐开始得到重视,这也为今天中国美食文化的发展奠定了重要基础。美食的发展与煤炭的盛行息息相关。煤炭成为主要生活燃料,带动了中国各地饮食文化的发展。为盛放山珍海味,各类器皿的烧造也就愈发活跃,为距今近1000年的中国社会带来了一片繁荣景象。当时正值徽宗在位(1100—1125年),作为一个集文

定窑印花龙纹瓷盘,北宋,口径23.2厘米,中国上海博物馆收藏。
定窑白瓷盘,呈牙白色,造型优雅。采用阳文凸花印花与阴刻细线纹相结合的技法烧造而成。盘内模印云龙纹,云气缭绕,龙身屈曲腾越于云雾之中。

艺与才华于一身的帝王，开创了中国千年的美学盛世。

中国是毋庸置疑的陶瓷大国，1100年前后的宋代更被誉为中国瓷器史的巅峰时代之一。宋朝文化繁荣，是中国历史上文化最鼎盛的时期之一，而同一时期的高丽也十分注重文化发展。牙白色定窑白瓷是宋朝瓷器鼎盛时期的代表，胎骨薄而精细，颜色洁净，器型多样，是中国制瓷史上的璀璨明珠之一。

汝窑青瓷被誉为中国瓷器的巅峰，世界仅存70余件，属无价之宝。

高丽古墓中曾出土景德镇青白瓷，由此可见此类瓷器在高丽时期深受追捧。除此之外，宋代龙泉窑、建窑、吉州窑、磁州窑、钧窑、耀州窑等优质瓷窑也是瓷器文化大繁荣下群星璀璨的典型代表。

牡丹纹作为中国代表富贵的陶瓷纹饰，是宋代陶瓷最具代表性的纹饰之一，显示了工匠们娴熟的刻花工艺。除此之外，受佛教艺术的影响，宋代瓷器多见莲花纹。宫廷御用瓷器则以象征皇权的龙凤纹饰为主。

汝窑天青釉葵花洗，北宋，盘口直径13.5厘米，英国大英博物馆收藏。

此盘尽显中国宋朝皇室雅韵，是传世汝窑中的精品。作为宫廷用器，相对器身高度，底足微高。简素朴雅，口沿六处浅压，呈六葵瓣花式。

高丽青瓷的鼎盛时期

高丽王朝的睿宗酷爱青瓷,效仿中国宋朝朝廷指定御窑场,将康津窑作为高丽王室专用。12世纪初期,康津地区开始制作翡色青瓷。虽然文献中并无相关记载,但笔者认为,睿宗深谙中国文化,曾经大力推动瓜形瓶等各种中国青瓷器型的高丽本土化,同时为促进青瓷烧造,睿宗也为工匠们提供了丰厚的待遇。

起初,高丽青瓷以花瓶、香炉、梅瓶等中国器型为主。据推测,12世纪上半叶,高丽的器型均以仿照中国青瓷为主。梅瓶原本用作实用性盛酒器,盛装梅子酒或人参酒,在中国被大量使用。1124年成书的《宣和奉使高丽图经》中,曾将梅瓶描述为"酒樽之状"。18世纪,清人因此瓶口小仅能插入梅花枝,而称其为"梅瓶"。

高丽仁宗元年（1123年）,中国北宋官员徐兢（1091—1153年）以使节团成员的身份前往高丽,后撰写了《宣和奉使高丽图经》一书,书中记录了12世纪高丽青瓷的制作情况。《宣和奉使高丽图经》简称《高丽图经》。所谓《高丽图经》,因该书以图为主、配以文字,记述徐兢本人在高丽的亲身见闻而得名。此书呈报朝廷后,得到宋徽宗的赏识,宋徽宗赐徐兢知大宗正丞事一职。1126年,金国发兵入侵北宋,《高丽图经》正本不幸毁于大火,只剩纯文字版本,后被其侄儿徐蒇刊印,现存于中国台北故宫博物院。

《高丽图经》共40卷,其中有记载到高丽青瓷制作工巧,色泽尤佳。有学者推测,当时接待中国使臣的客馆——开城顺天馆陈设了部分高丽青瓷。此外,书中还记载说,高丽人偷学宋朝制瓷工艺。由此可见,睿

青瓷刻花凤凰牡丹唐草纹梅瓶, 12世纪后期,高28.5厘米,美国弗利尔美术馆收藏。
此瓶瓶身刻满凤凰、牡丹纹样。采用斜刀划花手法,剔除表面多余土料,制造立体阴影效果,突显纹饰本身的立体感。下腹轻微内敛,属于12世纪后半叶高丽青瓷的基本器型。此瓶无论造型还是纹饰,都是梅瓶中的佳品。

1. 青瓷瓜棱形花瓶，12世纪前半叶，高22.6厘米，第94号国宝，韩国国立中央博物馆收藏（许可编号：中博200708-341）。

此文物出土于1146年建成的仁宗长陵。当时中国也制作了大量的瓜棱形花瓶，中国的器型腹肚饱满、棱纹较深，而此文物整体曲线柔和。这是在中国瓷器的基础上，融入高丽本土元素后制作而成的佳品。

2. 青瓷梅瓶，12世纪前半叶，高21.9厘米，韩国三星Leeum美术馆收藏。

此瓶与早期梅瓶器型相同，瓶颈与瓶身呈两段式。13世纪时出现的器型，由左右两个对称的"S"形构成，体型瘦长，线条优美柔和，备受高丽人的欢迎。

宗不仅一直模仿中国最上乘的青瓷制品，而且倾心尽力敦促高丽制作优质青瓷，力争赶超中国。不仅如此，书中还记载，"陶器色之青者，丽人谓之翡色"。由此可见，经过数年的摸索与创新，高丽青瓷愈发美轮美奂，包括瓜棱形、荷叶形等多种造型。据推测，当时的高丽青瓷与中国汝窑青瓷相似度较高，中国汝窑青瓷以无纹者尤好，因此这一时期的高丽青瓷同样以无纹为主。

据《高丽图经》记载，"近年以来制作工巧，色泽尤佳"。所谓"近年"，通常短则两三年，长则十几二十年。可见，睿宗年间高丽青瓷取得了飞跃的发展。此外，据《高丽史》记载，1108年高丽对青瓷窑场进行了改革，可以推断，那一时期康津地区的青瓷品质最为精湛。

另一方面，随着御用青瓷的发展，韩国海南郡山二面一带也开始烧造青瓷，虽然品质略有差距，但也从另一个侧面反映了这一时期高丽窑业的发展情况。韩国海南郡山二面沿海一带有30多处青瓷窑址（群）遗迹。20世纪80年代初，笔者首次勘察此青瓷窑址（群）遗迹时，看到无数的青瓷碎片如同贝壳一般，散落在6千米长的海岸线上，十分震惊。高丽时期，

徐兢《宣和奉使高丽图经》，中国台北故宫博物院收藏。 1123年，宋臣徐兢随使节团出访高丽，就其间见闻所及，编撰此书。通过书中记载，可以了解当时高丽青瓷的发展情况。

海南郡工匠们烧造C级或D级绿青瓷，供地方官府使用。

1983—1984年，韩国全南莞岛郡渔头里近海地区出土了一艘高丽货船及30701件文物，其中大多数是韩国海南地区烧造的生活日用青瓷。2003年，群山十二东波岛近海地区也发掘出8000余件青瓷。这些文物可能同为海南地区烧造。由此可见，高丽中期，康津地区烧造A级、B级两种最高级别青瓷，海南地区烧制C级、D级绿青瓷。据推测，海南地区主要烧造粗质青瓷，包括瓷钵和瓷盘，由此可见，青瓷已被广泛应用于百姓生活之中。

1146年建成的仁宗长陵中，出土了瓜棱形花瓶等多种青瓷器，均属于A级青瓷，完美地展现了翡色青瓷之美。宋朝"太平老人"在《袖中锦》中曾罗列十项"天下第一"，其中"高丽翡色"当属天下第一，他处虽效之，终不及。这一记载也从侧面反映高丽青瓷在世界陶瓷史上的地位不容小觑。

高丽毅宗（1146-1170年在位）极度信仰和尊崇道教，在位期间的社会文化氛围与睿宗、仁宗时期完全不同。据李奎报《东国李相国集》记

莞岛近海地区打捞出的绿青瓷
总计打捞出文物30701件，其中大多为粗质青瓷，胎质粗糙，施黄褐色釉。这种粗质青瓷又叫"绿青瓷"，属于中下等青瓷，为当时被严禁使用翡色青瓷的阶层所使用。

载，毅宗自小贪图游乐。其父王仁宗对此极为不满，但由于仁宗突然驾崩，毅宗随即登上王位。《高丽史》记载，仁宗担心毅宗担当不了重任，临终前委托忠臣郑袭明（？—1151年）全力辅佐。后郑袭明因未能完成仁宗嘱托，深感愧疚，服药自尽。

有文献记载，毅宗心性洒脱，十分感性，在位24年间游览了70多处大小名胜。而据高丽时期诗人李仁老（1152—1220年）的《破闲集》和高丽时期散文家崔滋（1188—1260年）的《补闲集》记载，毅宗尤爱荷塘，享受那里可以带来的别样的文学情趣。李奎报的诗中也讲述了毅宗对莲花的喜爱。毅宗对荷塘爱到极致，据说为建造一座心仪的荷塘，听闻一地适合修建，便命令拆除五十户民宅。通过这一史料，可以看出毅宗的真实性情。毅宗极其热衷文学，他曾痛斥臣子："不懂文学，何以为人。"深谙毅宗喜好的年轻文臣不仅在年长的武臣面前十分傲慢，而且曾经点燃其胡须，与之发生肢体冲突。这一事件也成为后来武臣叛乱的导火索。

根据《高丽史·世家》十八卷记载，1157年，毅宗于高丽王宫后院荷塘中修建了一座养怡亭，顶部以青瓷瓦覆盖。此文物流传至今，仿佛在向世人诉说那段历史。1964年，韩国国立中央博物馆馆长崔淳雨到康津地区考察。当时康津人认为，外地人皆因青瓷而来，于是，村里一名少年拿来文物想要出售，其中就有青瓷瓦。开城博物馆高有燮先生是崔淳雨馆长的恩师，来到康津前，崔淳雨馆长便通过恩师所著的《开城满月台和青瓷》一文，提前得知青瓷瓦的存在。

沿着少年售卖青瓷瓦这一线索，1964年秋至1967年，韩国国立中央博物馆对康津沙堂里窑址进行了调查发掘。康津地区出土的青瓷瓦与开城满月台中的青瓷瓦完全一致。这里不仅出土了300多块高丽青瓷瓦，还出土

1. 康津沙堂里窑址中出土的青瓷残片

与青瓷残片一同出土的无纹、阴刻、阳刻、铁画、透刻、象形碎片。

2. 青瓷瓦，1157年左右，康津沙堂里出土，长202厘米，韩国国立中央博物馆收藏（许可编号：中博200708-341）。

比一般瓦片略小，瓦当上绘有牡丹唐草纹饰，精致华丽。

了狮子盖香炉残片、鸭形砚滴残片及阴刻、阳刻、透刻等多种青瓷残片。由此可见，1157年青瓷瓦诞生的这一时期，正是高丽青瓷融合多种制作工艺竞相绽放的鼎盛时期。

韩国沙堂里窑址的调查发掘最为重要的意义在于出土了几件制作工艺粗浅的象嵌青瓷。这一发现可以证实，早期象嵌青瓷的制作始于1157年前后。据推测，早期象嵌青瓷是在阴刻、阳刻手法装饰的青瓷上，细致刻绘纹样制作而成。据《高丽史》记载，毅宗好新鲜事物，派人在开城挨家挨户搜罗，引起民声哀怨。但在笔者看来，这一时期象嵌青瓷以及各种象形青瓷的出现，某种程度上也得益于毅宗对新鲜事物的渴求。

象嵌青瓷在制作时，首先在胎土上采用阴刻技法刻出纹饰，在要表现白色和黑色的地方，分别用毛笔填充白土和赭土，风干后，用刀削掉，进行素烧，然后施青瓷釉烧造而成。如果单纯采用阴刻技法绘制纹饰，必须仔细观察才能区分，但象嵌技法凸显纹饰，视觉效果明显。12世纪后期，毅宗在位期间，各种青瓷制作技法如雨后春笋般不断涌现，并且得到了长足的发展。12世纪前半叶，当时的社会以制作翡色青瓷为主，12世纪后半叶，象嵌青瓷的制作正式问世，与翡色青瓷争艳斗放，到了13世纪，象嵌青瓷已然成为社会主流。象嵌青瓷器身曲线流畅，纹饰独具高丽时期特色，是青瓷中的上品之作。

下面，让我们一起欣赏几件代表作品，了解12世纪高丽时期的青瓷艺术精品，洞悉其器型和纹饰的发展脉络。

下方盘口长颈瓶是12世纪首次出现的器型。该瓶口沿折收，被称作盘口，而非广口。在青铜时代，人们采用这一器型盛酒进行祭祀活动。此瓶瓶身无任何纹饰，是12世纪前半叶高丽青瓷的主要特征之一。这一时期的青瓷大多端庄典雅，不尚纹饰。而这种文雅、韵味十足的青瓷恰恰符合当时人们的审美。这一器型后来传至日本，常被用来插花赏玩。

12世纪前半叶，高丽出现了一种全新的酒壶。莲盖青瓷执壶的造型在

青瓷盘口长颈瓶，12世纪初，高14.3厘米，韩国国立中央博物馆收藏（许可编号：中博200708-341）。

第二部　第三章　高丽翡色青瓷的问世　177

莲盖青瓷执壶，12世纪前半叶，高24.4厘米，美国旧金山亚洲美术馆收藏。

中国顶级瓷器中时常可见。流和柄位于壶肩上部，壶肩折成直角，造型典雅，盖子可作杯子使用，器身施有当时流行的莲花纹样。高丽睿宗、仁宗年间，这种全新器型的高丽青瓷成为社会主流。那一时期制作的高丽青瓷大部分效仿宋代陶瓷。这种酒壶与被称作"承盘"的大盘一并配套使用，通常在承盘中装满热水以保持酒温。

本书第179页的文物为12世纪后期制作的素面青瓷盏托，造型庄重典雅。表面釉料晶莹剔透，质感如玉。此类只采用纯色釉料、不尚纹饰的青瓷，被称作"仿玉器"。起初，中国烧造瓷器是为了制作人工玉，玉器价格昂贵，数量稀缺，青瓷拥有深邃幽蓝光泽，可以大量生产，被认为是上苍最好的赏赐。有说法称，恰因如此，此类盏台被用作茶盏。但12世纪，高丽人不喜泡茶饮用，流行将粉末茶在水中充分搅拌后饮用。据推测，此物在当时应该被用作酒杯，充分体现了仁宗、毅宗时期文人的喜好。

12世纪时制作的部分高丽青瓷，器表上的装饰纹样逐渐出现。起初，采用阴刻纹饰，纹样若隐若现。装饰纹样主要采用中国人普遍喜爱的牡丹

青瓷盏托， 12世纪后半叶（高丽时期），高9.1厘米，韩国国立中央博物馆收藏（许可编号：中博200708-314）。

纹，象征富贵。这一时期，尽管已开始在青瓷上雕刻纹饰，但由于使用极细的雕刻工具，阴刻线条浅淡、不清晰，在远处有时难以辨认。

仙鹤、祥云是高丽人喜爱的纹饰。随着12世纪中国道教思想在高丽的广泛传播，作为福寿延绵和承载灵魂的象征，仙鹤成为极具代表性的纹饰素材。高丽人将象征天空世界的仙鹤与蕴含吉祥意义的祥云融合在一起，借此表达对永恒世界的向往。最初，采用阴刻、阳刻技法琢刻云鹤纹，后来转为采用象嵌技法，以黑色及白色化妆土象嵌绘制云鹤纹饰。这种装饰纹样一直深受高丽人的喜爱。

本书第180页图1所示文物是青瓷阴刻莲花唐草纹注壶，腹部呈甜瓜状，壶身圆润，重心下沉，给人以沉稳安定之感。壶盖呈荷叶状，壶身施满莲花和唐草纹样。在12世纪后半叶至13世纪，高丽青瓷的显著特征便是在透亮的翡色青瓷上阴刻装饰纹样。这一时期的高丽青瓷器型沉稳大方，但稍显呆板生硬，随着时间的推移和技术的革新，此后高丽青瓷愈发显得生动、雅致。

第二部 第三章 高丽翡色青瓷的问世 179

1. **青瓷阴刻莲花唐草纹注壶**，13世纪前半叶，高17厘米，日本东京国立博物馆收藏。
2. **青瓷鱼龙形注子**，13世纪上半叶，高24.3厘米，韩国国立中央博物馆收藏（许可编号：中博200708-341）。

高丽青瓷中常出现幻想动物与灵兽等造型。本书第180页图2的青瓷鱼龙形注子外观充满想象力，由龙首流口与鱼形壶身组成，具有浓厚的道教色彩。此类瓷壶主要诞生于13世纪前半叶，与之前端庄优雅的器型截然不同。高丽时期，翡色青瓷专供王室、贵族使用。青瓷器的造型和纹饰是使用阶层审美变化的一面镜子，因此，通过青瓷，可以溯源高丽时期的生活状态。直到13世纪前半叶，象形翡色青瓷也一直被烧造。

青瓷阴刻莲花唐草纹净瓶，12世纪后期，高36.7厘米，日本根津美术馆收藏。

此净瓶造型简洁雅致，瓶身整体缀以莲花和唐草纹。净瓶本为印度僧人云游时随身携带的盛水容器，后经中国传入朝鲜半岛，作为供具，用于盛净水，供在佛前。据高丽时期文献记载，除佛教仪式外，净瓶还拥有其他多种用途。正因如此，高丽时期还采用金属、陶瓷等各种材质制成净瓶，并且器型多样。此净瓶上部有八棱尖台，器身造型优美。除尖台外，其他部位分段饰有莲瓣纹和祥云纹、如意头纹和唐草纹。瓶身满刻莲花瓣纹，似乎能够在须臾间将虔诚的祷告之人与佛祖紧紧相连。

青瓷阴刻宝相唐草纹瓶，12世纪前半叶，高19.9厘米，韩国三星Leeum美术馆收藏。

青瓷镂雕七宝纹香炉，12世纪后期，高15.3厘米，第95号国宝，韩国国立中央博物馆收藏（许可编号：中博200708-341）。

此香炉造型精致，底座以三只小兔支撑，如多宝塔般华丽，顶部球体、莲花台座、兔子眼睛分别采用立体镂刻、象形技法以及铁画技法等多种制作工艺。此香炉最珍贵之处在于使用了早期象嵌技法。炉盖为佛珠造型的镂空圆球，钱纹交汇点用白土填充，属于早期象嵌技法，虽使用面积较小，但其大胆的尝试和精湛的技术值得被认可。

第四章

象嵌青瓷的诞生及演变

—— 13—14世纪

第四章主要介绍13—14世纪的高丽青瓷。首先本章将考察当时的时代背景以及这一时期的瓷器特征，从中分析高丽青瓷的发展演变过程。根据韩国美术史相关研究文献中记载，蒙古入侵高丽后，高丽文化遭到极大破坏，高丽青瓷开始从鼎盛走向衰退。但笔者认为，高丽青瓷向朝鲜陶瓷的转变发生于高丽后期，从高丽末期到朝鲜王朝初期，陶瓷业是一个缓慢发展的过程，并非衰退。

高丽青瓷的诞生

直至12世纪前半叶，高丽王朝重文轻武，沉稳、知性、好学的儒学氛围在当时有着相当广泛的影响。这一时期烧造的翡色青瓷也展现出素雅端庄之美。但从12世纪后期开始，精致华丽的青瓷开始走向历史舞台的中央。

13世纪，武臣政变引起了巨大的社会变革。武臣贵族们成为国家的统治者后，强调高丽的自主地位，倾心慕华、对中国有深厚友好感情的金富轼等文臣受到猛烈打击。如此一来，以中国文化为基础发展壮大的高丽渴望摆脱中国的影响，创造自主文化。南宋统治阶级对此深感不满，获悉高丽武臣掌权，大臣刺杀国王并趁机发动政变后，南宋要求断绝两国邦交。

在这种自主性的作用下，当时烧造的青瓷中也没有太多受中国陶瓷影响的痕迹。崔忠献夺取政权后，建立了崔忠献、崔瑀、崔沆、崔竩四代世袭的崔氏政权，直至13世纪60年代，高丽王朝的实际控制权掌握在崔氏一个家族手中。

在武臣政权倡导的自主性社会氛围下，象嵌青瓷迎来了重要时期，自主性在这一时期的象嵌青瓷中显露无遗。首先，青瓷的器型由端庄沉稳转为精致秀丽,无论是长颈酒瓶或是S形梅瓶,无不展现出优雅的曲线之美。

此外,青瓷上的装饰纹样也摆脱了原有的工艺设计元素,展现出更多

青瓷镶嵌梅竹柳芦水禽纹梅瓶,13世纪前半叶(高丽时期),高34厘米,日本东京国立博物馆收藏。丰肩、细腰(瘦底),具有13世纪梅瓶的典型特征。虽然不便于用来喝酒,但具有大气、风雅的气质,可做观赏之用。13世纪时,梅瓶肩饰大多采用如意头纹,增添华丽之感。瓶身采用黑色象嵌技法显现白色、黑色两色纹样图案,描绘荷塘中野鸭戏水的活泼之景。

的绘画色彩。这一时期的青瓷大多采用荷塘、柳树、鸭子等纹饰，仿佛一幅悠然、惬意的夏日风景。

从朝鲜半岛青瓷的造型艺术来看，12世纪主要烧造翡色青瓷，在器身上加以阴刻、阳刻等工艺技法，展现清新、祥和的理想世界。而13—14世纪，主要以烧造象嵌青瓷为主，其造型和纹饰反映了纯洁、斑斓的现实世界。

大众通常认为，瓦片和传统足套是朝鲜民族曲线美最好的诠释。曲线是朝鲜民族独有的审美特征，走过了千年的历史进程。13世纪的高丽象嵌青瓷中，很多器型曲线优美、流畅，也展现了独特的朝鲜民族美学艺术。

13世纪时还诞生了一种新的特殊器型，呈陀螺状，据说用于在马背上喝酒，被称作"马上杯"。据推测，下图的陀螺状瓷杯正是高丽文献中记载的以酒送别爱人出征时使用的器物。

青瓷铁白画牡丹纹马上杯， 13世纪前期（高丽时期），高10厘米，韩国湖林博物馆收藏。

口沿内卷、圆鼓腹，器表以黑白色料绘有三簇牡丹和枝干。若不仔细观察，会误以为是象嵌工艺，但实际上是采用绘笔蘸上白土和赭土等带色泥土绘制而成。13世纪时，尽管象嵌青瓷已成为高丽社会的主流，但多种制瓷技法在当时共存。

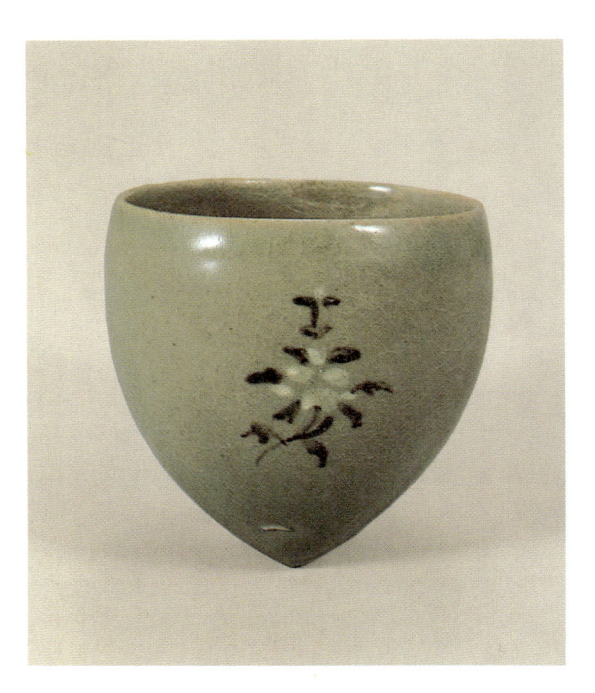

1. 青瓷镶嵌蒲柳水禽纹陶板， 13世纪前半叶（高丽时期），长20.5厘米，宽15厘米，日本大阪市立东洋陶瓷美术馆收藏。

这件文物描写了在清爽怡人的秋日里，高丽人带着青瓷制成的画布在江边绘画，这一场景展现了高丽人惬意悠然的内心世界。画面下方，稀疏的芦苇地间，水鸟穿梭不息。秋日的天空无须人工雕琢，由青瓷上大面积的留白部分自然而成。

2. 象嵌青瓷菊花纹子母盒， 13世纪后期（高丽时期），高7.5厘米，日本大阪市立东洋陶瓷美术馆收藏。

通常母盒由4—5个小盒组成，此文物中间还放有油瓶，此为最初造型，还是后来烧造的油瓶被人置入其内，尚且不详。据推测，此器物在当时用于盛放化妆品，油瓶对于坐在镜台前梳妆的高丽女人来说必不可少。器表布满纹饰，略显繁杂。

此外，这一时期还烧造了一些长方形瓷盘，长20—30厘米，上面绘有华丽的纹饰或图案，被称作"陶板"。真正用途尚且未详，但据推测，主要用于悬挂在王室的墙壁上，起装饰作用。不仅如此，这一时期还采用象嵌装饰技法，制作了餐盒、户外用椅等。综上，13世纪烧制的高丽青瓷在器型方面与同一时期的中国青瓷存在较大差异。

青瓷纹饰中的高丽情愫

13世纪，高丽青瓷最显著的特点是努力摆脱当时中华主流文化的影响，大力推崇自主性，纹饰上也出现了许多明显的高丽元素。

13世纪，中国道教思想在高丽流行开来，这与曾经根深蒂固的儒学思想截然不同。那一时期的高丽文献中流露出书生们避免人为干预、渴望回归自然、随遇而安的心性。李奎报的《东国李相国集》、崔滋的《补闲集》、李仁老的《破闲集》等文集都充分体现出高丽人追求无为的内心世界。

在那一时期，小巧朴素的野菊花被广泛应用于象嵌青瓷酒杯和酒瓶的装饰上。不仅如此，大量文集中也体现出高丽人对菊花的赞美之情。直到15世纪之前，菊花纹是备受喜爱的纹饰之一。虽然如今野菊花常常被赋予凄凉之意，但对于当时的高丽人来说，却代表着人与自然合一的崇高境界。

在武臣掌权的高丽社会，诸多归隐田园的高丽文人对陶渊明（365—427年）的《归去来兮辞》产生了深深的共鸣。文章表现了陶渊明辞去官职、归隐山林后，在洋溢着阵阵花香的乡间小路上赤脚徘徊时愉悦畅快的心情。而这便是人与自然合一的生活本然，因此《归去来兮辞》被高丽文人反复诵读和引用。

野菊花是归隐田园的代名词，从朝鲜半岛《望野菊》等歌颂野菊的古代诗句中可以看出，高丽人通过野菊花寄托了对于归隐山水的强烈渴望。诗人雪莱（Percy Bysshe Shelley）曾说："诗人的使命在于歌唱悲伤，享受孤独。"而青瓷正是寄托了高丽人心中的此种情怀。除菊花外，高丽青瓷上还经常出现不知名的野花，似乎是借这些孤独、不起眼的花草，寻求心灵的慰藉。

此外，《高丽史》中记载，这一时期出现了高丽"竹林七贤"。当时高丽文人喜好在竹林中吟诗奏唱，以琴会友。13世纪象嵌青瓷上经常出现独傲枝头的梅花、翩翩起舞的仙鹤、弹奏玄琴的文人等元素，表现了这一时期高丽文人渴望亲近自然、归隐山林的心境。高丽歌谣《青山别曲》的歌词中，"吃山葡萄，吃猕猴桃，我欲居于莽莽青山"充分展现了高丽人的内心世界。而这些正是因为道教思想的盛行，才为高丽青瓷增添了诸多文学色彩。

当时，除菊花纹外，云鹤纹也广受欢迎。栩栩如生的仙鹤将青瓷留白处视为苍穹，整体呈现出遨游翻飞的自由之景。道教中，神仙们常常驾鹤成仙，鹤是一种相当重要的意象。除此之外，云鹤纹还拥有多种其他意义。高丽时期佛教广泛传播，从佛教的观点来看，云鹤之景表现出高丽人对于没有丝毫痛苦的极乐世界，充满着无限向往与憧憬。而今天韩国最大规模的宗团——曹溪宗，是继承禅宗宗风，佛教改革运动的产物。这是武臣叛乱发生后高丽佛教界的新一轮变革。云鹤纹也蕴含着高丽人对于新佛教所倡导的净土世界的渴望。

青瓷象嵌菊花纹盏托，13世纪前半叶（高丽时期），高9.9厘米，韩国涧松美术馆收藏。
八瓣花口酒盏、五足盏托，造型华丽，通体施青釉，器身整体绘以菊花纹。底足呈荷花状，以阴刻粗线装饰。

除此之外，13世纪时，高丽还十分流行蒲柳水禽纹，体现了高丽人对悠然生活的追求和向往。当时的高丽人认为，江边、池塘边，摇曳低垂的杨柳、平静的水面上怡然自得的水鸟，仿佛一片世外净土，可以让人忘却心中的一切烦恼。这一观点是佛教、道教二者合一的最好体现。

高丽时期，童子葡萄纹、童子攀枝纹等也是备受欢迎的纹饰之一。当时人们喜爱童子纹和各种寓意多子多福的纹饰，这与蒙古入侵息息相关。在与高丽的战争中，"蒙古铁蹄所到之处寸草不生"，无数高丽百姓失去生命或被蒙古军队掳走。而这一时期高丽青瓷中出现的这些纹饰，反映出高丽人想要努力抚平战争创伤，祈祷多子多福的强烈情感。

13世纪还出现了一些全新的纹饰，其中最具代表的是荔枝纹。荔枝源自中国南方，外表与石榴相类似，有子孙满堂、繁荣昌盛之意。荔枝呈圆形，"圆"与表示"第一"的"元"同音，士大夫们相信可以借此在科举中拔得头筹、实现扬名立万的梦想。因此，荔枝纹常被用于士大夫们日常使用的茶钵、瓷碟等生活器皿中。

青瓷象嵌荔枝纹碗，13世纪（高丽时期），高8.5厘米，韩国国立全州博物馆收藏。

内底圆刻，中央绘有三颗荔枝，内壁白粉象嵌四组荔枝纹样，藤蔓挂满荔枝，令人垂涎。外壁使用逆象嵌技法刻绘唐草纹样。仿佛南方水果所特有的芳香扑面而来，令人心醉。

1. 青瓷象嵌云鹤纹碗，13世纪后半叶（高丽时期），高6.3厘米，口径14.8厘米，私人收藏。
内壁绘饰白鹤纹，四只仙鹤在云中展翅飞翔。仙鹤穿过密云，向中间聚拢，体现了高丽人渴望突破重重阻碍直至仙界的内心世界。

2. 青瓷象嵌浦柳水禽纹长颈瓶，13世纪前半叶（高丽时期），高28厘米，日本大和文华馆收藏。
此瓶造型奇特，瓶颈上细下略粗，瓶腹硕圆。长颈让人联想到仙鹤，因此又被称为鹤首瓶。瓶身莲花盛开，水鸟在其间自由嬉戏，展现了一幅诗情画意的美丽图景。

青瓷镶嵌花卉童子纹执壶，13世纪前半叶（高丽时期），高19厘米，日本大阪市立东洋陶瓷美术馆收藏。

壶身呈椭圆状，整体绘饰唐草，孩童在唐草枝干上攀爬，展现了天真烂漫的可爱图景。首先采用黑象嵌刻技术绘纹饰的轮廓，然后用白土填充花纹图案，这一技法被称作逆象嵌工艺。手柄模仿叶片和根茎制作而成。

13世纪，高丽人采用象嵌技法进行各种纹样装饰，抒发内心情感。所谓象嵌技法，是指先在器表雕刻图案，然后将耐受1200℃以上高温的白土和赭土填入其中，风干后打磨，进行一次素烧，最后涂上釉料二次烧制。为突出花纹效果，通常在器皿表面覆盖一层薄釉，成型时釉面会产生一种自然开裂的现象，被称为冰裂。翡色青瓷的关键在于釉色，釉层丰厚，而象嵌青瓷为了突出象嵌纹饰，釉层透润，逐渐变薄，进而产生绝美的冰裂。

　　12世纪时的常用釉色被称为翡色，而象嵌青瓷的釉色则被形容为"青绿清透"。若通过放大镜观察象嵌青瓷的釉层，可以看到很多气泡，在光线照射下还会引起反射现象，呈现出一种独特的色泽。这一点是高丽象嵌青瓷有别于中国青瓷所独有的特征。随着象嵌青瓷的发展，翡色逐渐蜕变，而这一变化可以解释为象嵌青瓷制作技法的升级。换句话说，象嵌青瓷独特的透亮色泽并非釉色蜕变的结果。

　　13世纪青瓷的独特纹饰和清透釉色是青瓷高丽本土化的显著特征。高丽早期学习中国技术烧造青瓷，仿效中国的器型和纹饰，12世纪时尝试烧造翡色青瓷，而13世纪时，又融入高丽本土元素，让青瓷拥有了更加浓厚的艺术气息，带给世人深深的震撼。之所以很多人认为象嵌青瓷更优于翡色青瓷，是因为它将高丽人的所念所想表现得淋漓尽致。那一时期，武臣掌权，社会自主意识高涨，蒙古入侵后，整个国家又陷入内忧外患的混乱境地。在这一过程中，高丽青瓷的本土化，映衬出高丽人历经磨难、愈发成熟的生活状态。

　　如果说康津是12世纪翡色青瓷的中心产地，那么扶安是继康津之后，在武臣崔氏家族的支持下，象嵌青瓷的主要烧造地。康津地区烧制的青瓷

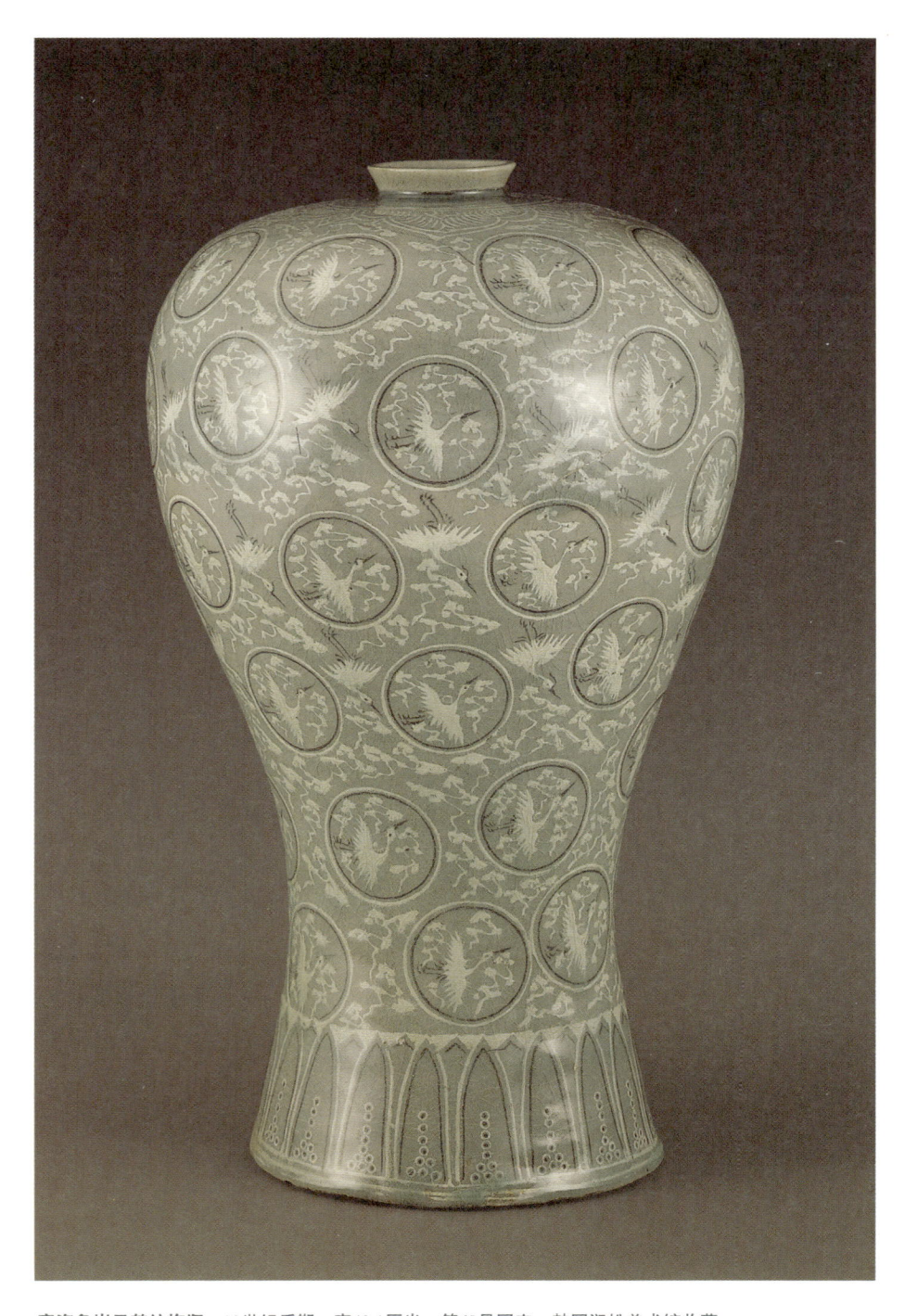

青瓷象嵌云鹤纹梅瓶，13世纪后期，高42.1厘米，第68号国宝，韩国涧松美术馆收藏。

造型沉稳端庄，与扶安地区烧造的象嵌青瓷形成鲜明对比，这也是高丽陶瓷史上的一大特色。20世纪30年代，居住于韩国井邑地区的日本人深田泰寿曾雇用工人，对扶安柳川里窑址周围的青瓷堆积层进行了挖掘。他本想将30袋左右的青瓷残片带回日本，但恰逢日本投降，未能成功。后来，25袋青瓷残片在金活兰女士的帮助下，收藏于韩国梨花女子大学博物馆，其余5袋成为东垣李洪根（1900—1980年）先生的私人收藏品，后赠与韩国国立中央博物馆。

20世纪60年代，秦弘燮先生担任梨花女子大学博物馆馆长，对扶安柳川里的青瓷残片进行分类和修复工作。历经20多年的时间，这一庞大的工程终于圆满完成。1983年5月，韩国梨花女子大学博物馆举行了扶安柳川里高丽青瓷特别展。此次展览向世人展示了象嵌青瓷的丰富器型和纹饰。青瓷钟片、陶板、花盆、香炉、一米高的梅瓶等，柳川里窑中出土的青瓷大部分采用象嵌技法，纹饰华丽。这次展览确立了扶安作为高丽最高等级青瓷——象嵌青瓷烧造地的重要地位。

青瓷象嵌牡丹唐草纹花盆，14世纪前半叶（高丽时期），高23.3厘米，韩国梨花女子大学博物馆收藏。象嵌青瓷中，花盆与底台完整的文物十分罕见。盆底与底台上留有钻孔，用途明确。盆体四周刻有牡丹、云鹤和凤凰，底台采用八角栏杆支撑花盆，底部使用阳刻技法绘有莲瓣花纹加以修饰。

然而1280年以后，作为青瓷的中心产地，扶安的命运发生了翻天覆地的变化。当时，高丽成为元朝的附属国。元朝将高丽作为远征日本的跳板，曾多次远征日本。1280年前后，高丽承担了远征所需的物资供应。在此过程中，包括扶安在内的合浦（马山）等近海地区被确定为日本远征物资和船舶调配的最佳地点，而扶安边山半岛一带的树木则被用于建造战船。因此，14世纪时，青瓷的烧造地从扶安再次转移到康津。

❀ 象嵌青瓷向粉青瓷的演变

到了13世纪后期，一方面，高丽顽强反抗元朝入侵，另一方面，元朝一直加紧对高丽的控制。这一时期的高丽青瓷并没有过多的中国元素。直至1308年，随着忽必烈的外孙忠宣王即位，高丽与元朝的关系进一步加强，这一时期的象嵌青瓷中再次出现了中国青瓷的纹饰和部分器型。1976—1984年，新安近海地区出土了大量的中国瓷器。由此可见，元代瓷器不仅被广泛用于日常生活，而且还大量出口到国外，成为贸易往来的宠儿。14世纪时，高丽青瓷受到中国文化的影响，以碗、碟、盘等生活用具为主。此外，这一时期，类似向日葵的宝相唐草纹和中国式莲花唐草纹、注重叶片装饰的莲瓣纹等各种中国式纹样，相继传入高丽。

但实际上，高丽并没有原封不动地沿袭中国陶瓷的特征，反而运用高丽的自主工艺对其进行重新诠释，融入象嵌青瓷纹饰之中，推动其不断向前发展。虽然当时的朝政仍处于元朝的掌控之下，但对于青瓷文化，高丽人根据自身的需要和审美对元代瓷器特征进行了取舍，保留了适合本民族的瓷器元素。

高丽后期社会政治愈发混乱，青瓷在各方面开始走下坡路，不明真相的人常常将其归结于制作工艺失传。但据史料记载，高丽青瓷均在制瓷所中批量烧造，因此这一说法显然不成立。

元朝与高丽的文化截然不同，并不关注高丽青瓷制作，高丽末年占统治地位的权贵豪门的精力主要用于努力满足元朝的各项要求。随着对制瓷业的关注和支持力度不断降低，制作技法更加简化，釉色和纹样装饰也逐渐走向衰落。这一时期，为减少刻绘纹饰所用的工时，粉青瓷的印花纹应运而生。14世纪，元朝主导了世界陶瓷的发展，高丽将中国瓷器元素加以吸收，并在传统瓷器的基础上打造出具有高丽特色的样式。因此从这一点来看，从象嵌青瓷到粉青瓷的转变是在混乱的时代大背景下，克服重重阻碍不断向前发展的过程。

一方面由于高丽统治阶层的更迭，另一方面当时日本海盗骚扰抢劫也直接促使高丽青瓷逐渐走向衰败。从1350年至1390年，在40年的时间里，日本海盗无数次侵袭朝鲜半岛南海岸和西海岸地区。甚至有文献记载，"由于日本海盗的烧杀抢掠，距海岸线50里内无人居住"。

根据14世纪70年代编撰的《高丽史》，由于日本海盗入侵，海上运输受阻，地方纳贡无法送达，高丽王的午膳都被迫取消。在国家财政危机之时，朝廷不得不着手研究陆路运输。

康津和扶安作为青瓷烧造地，最大的优点是毗邻大海，海运便利。但由于日本海盗侵扰，这两处地区无法继续进行瓷器生产。据文献记载，14世纪80年代，日本海盗在韩国锦江下游驻船500多艘，大肆劫掠全罗北道。李成桂受命出兵作战，在韩国南原取得大胜，史称荒山大捷。因在抵抗日本海盗入侵的战争中立下战功，李成桂的威望大大提高，百姓们甚至

青瓷象嵌云鹤纹高足杯，14世纪前半叶（高丽时期），高9厘米，韩国湖林博物馆收藏。

此杯底足较高，是吸收元朝元素，以高丽青瓷形式重新制作而成的器型。起初，这种高足杯用作藏传佛教礼器，后来成为权贵阶层的日常生活器具。据推测，由于高丽王室与蒙古人往来频繁，需要使用此种器皿，因此也被制成象嵌青瓷。内壁花纹采用云鹤纹，既吸收了全新的中国陶瓷元素，又体现了高丽人追求自主性的强烈意志。

希望击败日本海盗的李成桂将军登基为王。

为打破高丽末期的混乱僵局，摆脱国家的财政危机，李穑（1328—1396年）、郑梦周、郑道传等新士大夫开始寻求对策，提出全国八道分设青瓷烧造所，凭借陆路运输来保障物资供给，这对高丽末期瓷器的普及起到了重要作用。根据《高丽史》记载，高丽王朝后期大臣赵浚在上呈的奏疏中写道："司瓮每岁遣人于诸道监造内用瓷器，一年为次，凭公营私，侵渔万端，而一道驮载八九十件，所过骚然。及至京者，进献者皆百分之一，余皆私之，弊莫甚焉。"

通过该史料可以证实，根据当时士大夫们的提议，全国各地开始相继制作瓷器。但对于高丽末期和朝鲜王朝初期，康津和扶安一带青瓷窑运营的情况却只字未提，证明高丽青瓷不再局限于传统烧造地，产地更加广泛。15世纪20年代，全国各郡均开始烧造青瓷，据《世宗实录·地理志》记载，该时期全国各地制瓷所最多达139处。

高丽末期，象嵌青瓷逐渐向粉青瓷转变，换句话说，瓷器烧造已经走向全国，趋向实用和普及。但自此之后，青瓷的质量每况愈下。可以说，从1380年到1420年，这40年间青瓷造型与纹饰的演变是朝鲜半岛陶瓷发展史上的一次巨大转变。正是在这一时期，高丽青瓷才真正走入寻常百姓家，成为日常生活实用器皿。

第五章

全国上下的宠儿——朝鲜粉青瓷

15—16世纪

迄今为止，我们了解了高丽青瓷的诞生、发展和衰败。在第五章中，让我们一同走进粉青瓷的美妙世界。粉青瓷诞生于高丽时期，延续至朝鲜王朝时期以后，成为15世纪朝鲜王朝的代名词。让我们一同探寻粉青瓷的发展历史，领略其纹饰的独特魅力。

粉青瓷和粉青沙器

何为粉青瓷？或许有很多人接触过粉青瓷，也有很多人对其情有独钟。其实，粉青瓷和青瓷的差异仅在于"化妆"与否，"化妆"为瓷器赋予独特的魅力。烧造粉青瓷的胎土虽然质量粗糙，但所用材料及成分与青瓷完全相同。粉青瓷的釉料呈深绿色，但仍属青瓷釉系列。换句话说，虽然粉青瓷胎料中杂质较多，釉色较深，但仍从属于青瓷。粉青瓷是为了掩盖青瓷釉色蜕变，在瓷胎上用白化妆土粉妆的瓷器。众所周知，话剧演员在舞台上，时而扮演乞丐、小市民，时而扮演君王，角色不同，妆容不同，而粉青瓷即为青瓷"换妆"后的变身。

粉青瓷也叫粉青沙器，是"粉妆灰青沙器"的简称。前文介绍过，古代文献中关于陶瓷的术语有青瓷、青沙器、白瓷、白沙器等。"瓷器"也被叫作"沙器"，"沙器"一词是"瓷器"的俗称，并非指代质量低劣的器物。白瓷也被称为白沙器、白瓷碗或"沙器碟"，烧造白瓷的村庄被称为"沙器村"，烧造白瓷的工匠被称为"沙器匠人"。可见，"沙器"是"瓷器"的别称。

粉青瓷质感粗糙，又被贴上"沙器"标签，因而被误认为质量低劣。但粉青瓷中也有供王室使用的高端器皿，白瓷和青瓷中亦存在质量欠佳的低端制品。中国和日本不使用"沙器"一词,因此无法比较二者之间的差异,但朝鲜半岛古代文献中出现的瓷器和沙器意义相同。根据《朝鲜王朝实录》和《世宗实录·地理志》记载,当时全国139处瓷器所均烧造粉青瓷,可以说,那一时期粉青瓷与瓷器属于同一类别。

纵观朝鲜半岛的陶瓷发展史,如果将青瓷称为青沙器,白瓷称为白沙器,那么将粉青瓷称为粉青沙器,也是理所当然。然而,青瓷和白瓷却一般不被称作青沙器和白沙器。如果按照今天的说法,采用青瓷、白瓷这一术语,那么粉青沙器也应被称为粉青瓷。"粉青沙器"一词并非语用偏误,但术语的使用在某种程度上需要尊重约定俗成。

粉青瓷的魅力

如今,许多陶艺家效仿青瓷、白瓷、粉青瓷,制作充满现代气息的作品。尽管现代瓷器选用优质胎土、釉料,拥有成熟的高温烧造技术,但在艺术呈现方面却大不如前。

但粉青瓷是连接传统陶艺与现代陶艺的桥梁。粉青瓷通过"粉妆"这一工序,突破了传统陶瓷的制作环境。粉妆技法同时兼具现代感和传统元素的双重优点。粉青瓷不需要优质胎土和釉料,对温度要求不高,因此被人们广泛接受。

浸蘸粉青瓷是将容器浸蘸入化妆土中制作而成,纹饰自由奔放、酣畅淋漓,令人心旷神怡。痕迹粉青瓷使用猪毛毛刷等工具蘸白化妆土,刷在器物上制作而成。器表留下的毛刷痕迹如徐徐清风、潺潺流水,极富动感。总体来说,粉青瓷的各种纹饰宛如涓涓细流,让人身心愉悦。正因这

粉青沙器阴刻抽象纹扁瓶， 15世纪后期，高23.5厘米，日本私人收藏。
通过抽象纹饰展现一种无我的精神境界。瓶身以白化妆土装饰，器表各种线条随意排列，以不对称的平衡比例做分割，充满现代气息。15世纪时，朝鲜王朝执行森严的身份等级制度，粉青瓷器缘何出现如此自由奔放的现代艺术感，至今未得其解。

一独特魅力，粉青瓷受到当时人们的普遍欢迎，而且兼具现代美术的抽象美感，对当今陶艺家的创作风格也产生了深远的影响。

高丽末期，象嵌青瓷开始普及，到朝鲜王朝初期时，已经大批生产，供各阶层人士使用。当时，象嵌青瓷的使用范围十分广泛，产量不断增加，出现了优等品和劣等品。那一时期烧造的粗质青瓷体现出工匠们平和、不受束缚的制作风格。质朴、自然是粉青瓷的独特魅力。作为一种平民使用的器皿，工匠们无须像制作贡瓷时背负沉重的心理负担。烧造者心境轻松、平和，使用者在使用时舒适、便利，这便是粉青瓷存在的理由。

但如今，一些粉青瓷瓶身扁瘪，施土黄色釉，留下过多刻意营造美感的痕迹。事实上，无论是人，还是器皿，真实、自然才最让人心动。虽然我们通常将翡色青瓷和象嵌青瓷视为珍宝，但若将青瓷与粉青瓷一同比较，青瓷的高贵、冷艳反而有时不及粉青瓷的朴实、柔和。换句话说，粉青瓷就像一个低调的舒心好友，真诚、淳朴、不加矫饰，在淡然中续写生命的传奇。

若想更深入地了解粉青瓷，首先要走进朝鲜王朝工匠的生活世界。朝鲜王朝时期，工匠们即使制作出极其优质的器皿，也无法腰缠万贯，更别说青史留名。作为瓷匠，他们只是恪尽职守，艰难度日。据《经国大典》（译者注：朝鲜王朝法典总汇）记载，瓷匠一生只能从事瓷器制作，并世代沿袭。换句话说，瓷匠一旦登记在册，便永世不得脱籍。据朝鲜王朝时期文献记载，瓷匠们生活极端贫困，若不幸遭遇荒年，还会因饥饿而死，瓷匠之子自幼与泥土相伴，长大后继承父业。可以说，这些拥有几十年丰富制瓷经验的工匠们，用自己的血与泪，缔造了朝鲜王朝时期美轮美奂的瓷器世界。

《风俗图帖》中的制瓷所，金俊根，19世纪末期，法国吉美博物馆收藏。

大多数韩国人认为，在众多瓷器中，粉青瓷最具民族特色，是朝鲜民族的真实写照。那种生活中沉淀出的时代审美，让人产生共鸣。如同用瓦煲煮出的大酱汤，一旦品尝便回味无穷，粉青瓷的魅力也是如此，让人一见倾心、如痴如醉。

15世纪粉青瓷的装饰技法

进入朝鲜王朝时期后，器物本身发生了很大变化。首先，象嵌技法从以线象嵌为主，发展到在较大面积的纹饰内填彩的面象嵌。并且，当时还流行在器物内部和外部印满纹饰的印花技法。朝鲜王朝时期，延续高丽时期的纹饰风格，菊花尤其受到人们的喜爱。书生们被菊花象征的风骨气概深深折服，普通人对野菊花朴素淡雅的寓意心生喜爱。

景福宫朝鲜王朝王室"烧厨房"遗址中的发现，向大众揭晓了王室瓷器的发展历程。迄今为止，该遗址出土了大量朝鲜王朝初期王室专用的印花粉青瓷，各类器皿均装饰了花卉图案，其中盘类器皿的内部中央大多简

粉青瓷象嵌牡丹纹瓶, 15世纪上半叶,高27.8厘米,韩国鲜文大学博物馆收藏。

世宗时期以后,粉青瓷的釉色大多呈灰青色。作为装饰图案,牡丹纹在这一时期被广泛使用,器身施绘象征富贵的牡丹唐草纹。在器物造型和纹饰方面,世宗时期的瓷器与高丽时期截然不同,具有鲜明的时代特征。瓶身下方肥胖可爱的白菜虫、淡雅朴素的牡丹,均采用面象嵌工艺装饰而成。这是一件典型的朝鲜王朝初期象嵌粉青瓷作品,器型与元代青花白瓷相似,因此也被称为"胡瓶"。

粉青瓷印花菊纹"内赡"铭碟，15世纪，高7.5厘米，韩国海刚陶瓷美术馆收藏。

单绘有菊花、蝴蝶等图案。鲜花纹和蝴蝶纹诞生于15世纪，这种印花粉青瓷在朝鲜世宗（1418—1450年在位）和世祖（1455—1468年在位）年间广泛流行。

上方这件文物内部采用印花技法绘满菊花图案，圈足较大，足墙外撇，底部印有内廷供奉机构名——"内赡"，可见，此为内赡寺专属器皿。内赡寺是接待女真人和日本人的专门机构。据《太宗实录》记载，各郡瓷器所烧造器皿只供官府使用，但是有些士大夫们偷偷将其藏入囊中，带回家中。随着此类问题增多，供奉机构便在器皿上印刻官府名称。例如，刻有铭文"长兴库"的粉青瓷主要产于庆尚道地区，而刻有"内赡寺"铭文的粉青瓷则一般产于全罗道地区。

本书第210页图2的四耳壶，器型圆腹硕大，圈足略高，壶盖较小。壶盖上有两圈泥条交叉成环，壶身也镶有四处C形小环。此器物主体采用牡丹唐草纹，以面象嵌技法装饰，器身下方经白化妆土装饰后，以线条绘制莲瓣。采用莲瓣纹、带状纹和云雷纹等作为辅助性边饰，装饰器物上下两端，是高丽青瓷中常见的装饰纹样构图方法。尽管王朝更迭，使用阶层发生变化，但陶瓷文化发展的大趋势依然未变。

1. 粉青瓷印花绳帘纹缶，15世纪，高17.2厘米，韩国三星Leeum美术馆收藏。

整体采用图章一个一个整齐地印在器物表面作为装饰。据推测，这一器型在高丽时期未被制成青瓷，但是进入朝鲜王朝时期以后再次出现。通过此文物可以看出纹饰图案的时代变迁，古老器型的诞生、消亡以及重现等。

2. 粉青瓷象嵌牡丹纹四耳壶，15世纪，高32.6厘米，日本出光美术馆收藏。

备受王室宠爱的青花白瓷

据1407年朝鲜半岛的《太宗实录》记载，王下御命，命令全国上下广用瓷器，于是各道各郡纷纷设立制瓷所。制瓷所中所造瓷器部分贡纳朝鲜王朝王室，部分被送往官府。朝鲜王朝初期，全国各制瓷所贡纳瓷器大部分为粉青瓷。但1467年以后，随着官窑的出现，瓷器烧造情况有所不同。

除广为流行的印花粉青瓷，朝鲜王朝王室还大量使用白瓷。尤其是使用含氧化钴的钴矿为原料，在瓷体上绘制竹子、松树、梅花等装饰图案的青花白瓷。朝鲜王朝的青花白瓷深受中国青花白瓷的影响，中国青花瓷器所用颜料大部分产于阿拉伯地区。据《朝鲜王朝实录》记载，1420—1430年，明永乐、宣德年间，朝鲜王朝在世宗的治理下国泰民安，大明使节将青花瓷呈献世宗。青花白瓷传入朝鲜王朝后，给朝鲜王朝带来了新一轮文化冲击。朝鲜王朝上下被从明朝进口的优质青花白瓷深深震撼，开始大力发展白瓷烧造，甚至不断尝试烧制青花白瓷。

世祖在大君时期曾出使过明朝，因此接触过当时明朝的主流瓷器——白瓷，以及明朝先进的陶瓷文化。朝鲜王朝王室也被明朝的白瓷和青花白瓷所吸引，为自主生产白瓷，不断探索；鉴于明朝设立御器厂，朝鲜王朝也仿效明朝设置官窑，专门为朝廷、官府制瓷。

为有效管理制瓷所，朝鲜王朝采用三番制，即对全国瓷器所进行调查登记，将工匠分成三组，轮流在国家运营的官窑工厂工作。为了能够自主烧造白瓷和青花白瓷，朝鲜王朝在全国范围内寻找能够烧制白瓷的瓷土和青花颜料。据相关文献记载，大约在1467年以后，朝鲜王朝成功烧造并使用青花白瓷。

要想烧造优质的青花白瓷，首先需要釉色纯净的白瓷。如果在粉青瓷上使用青花颜料绘制纹样，高温烧造后图案会发黑，整体效果大打折扣。只有在以高岭土为原料烧造的优质白瓷上绘制装饰纹样，方能制作出上品青花白瓷。其效果好比白纸黑墨，清晰分明。后来，韩国庆尚道河东地区发现了优质白瓷土，朝鲜王朝终于能够烧造出耐受1300℃高温的白瓷。随着朝鲜王朝白瓷烧造工艺的不断娴熟，朝鲜王朝自主制作的青花白瓷成功问世。

白瓷青花梅竹纹罐，15世纪后期，高29.2厘米，第222号国宝，韩国湖林博物馆收藏。
该器身绘满梅花、傲竹。朝鲜王朝时期，两班阶层常借凌寒绽放的梅花比喻自己的傲骨，因此梅花纹深受两班阶层的喜爱。纹样装饰方面，工匠先勾勒梅花枝干轮廓，然后在轮廓内填色，枝干交错呈"S"状。那一时期，明朝华丽的莲瓣纹与朝鲜王朝儒生的价值理念略有偏离，因此朝鲜青花白瓷上的辅助性边饰大多简洁干净。16世纪以后，边饰逐渐消失，纹样图案的主题及表现手法更加具有朝鲜王朝特色。此罐展现了朝鲜王朝初期青花白瓷纹样的变化，极为珍贵。

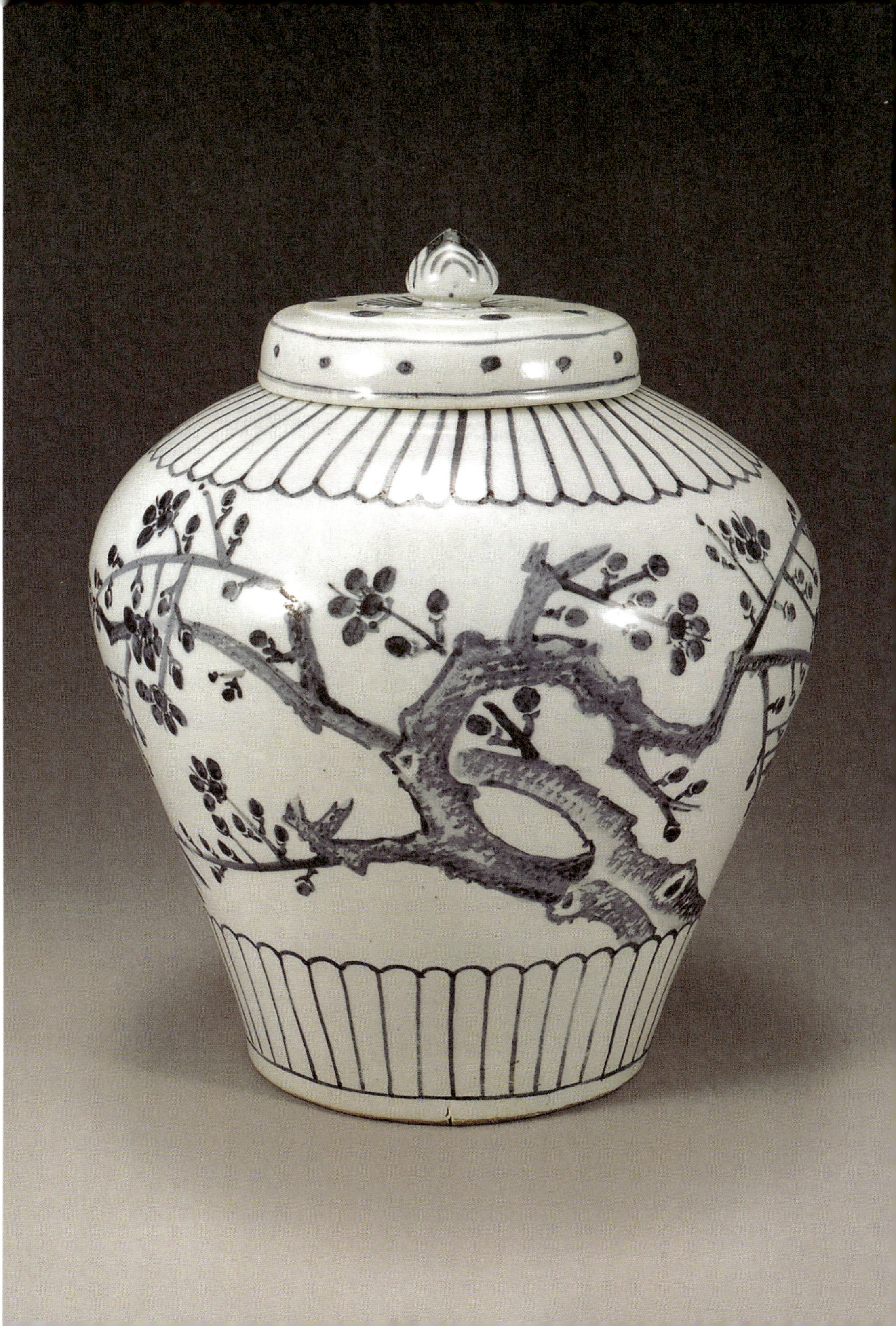

不知大家是否见过，在佳士得（译者注：CHRISTIE'S，世界著名艺术品拍卖行之一）拍出288亿韩元（译者注：约1.5亿元人民币）高价的青花白瓷。青花白瓷制作工艺繁杂，君王下令只能作为贡品，明令禁止民间使用。在这一过程中，粉青瓷失去了国家层面的支持，成为民用器皿，其地位逐渐被白瓷所取代。

粉青瓷的阴刻、剥地技法

随着粉青瓷在民间的不断普及，瓷器的烧制模式开始转为多个器物叠成一摞，批量生产的烧造体系，这是瓷器需求不断增加的一种必然。不仅如此，粉青瓷的"妆容"愈发浓厚，仿佛要掩盖岁月的痕迹。这好比一个人，外貌也许不再年轻，但40—50岁的年龄让人更能体会人生的真谛，于是采用浸蘸、痕迹技法烧造的粉青瓷美得更加厚重，令人神往。

作为日常容器，粉青瓷拥有浓厚的地方色彩。在全罗道地区，用白色化妆土粉妆后，使用刻刀以粗线条刻绘牡丹、莲花、鱼等纹饰，最后制成阴刻粉青瓷，这一工艺被称为"雕花"技法。在高敞水东里、光州忠孝洞、高兴云垈里、扶安牛洞里等地均发现了大量阴刻粉青瓷残片。由此可见，当时阴刻粉青瓷主要在全罗道地区烧造。朝鲜王朝初期，最主要使用的装饰纹样有莲花纹、鱼纹，后来很多器物上莲花纹消失，只施绘鱼纹。这一时期，瓷器上的装饰纹样如同毕加索的画作，抽象、奔放。

有意思的是，朝鲜粉青瓷上经常使用鱼纹。众所周知，朝鲜王朝以性理学思想为中心，排斥佛教。但粉青瓷上常常施绘的莲花纹和鱼纹图案，是具有佛教色彩的装饰元素。荷花出于淤泥，美丽绽放，如同佛祖在

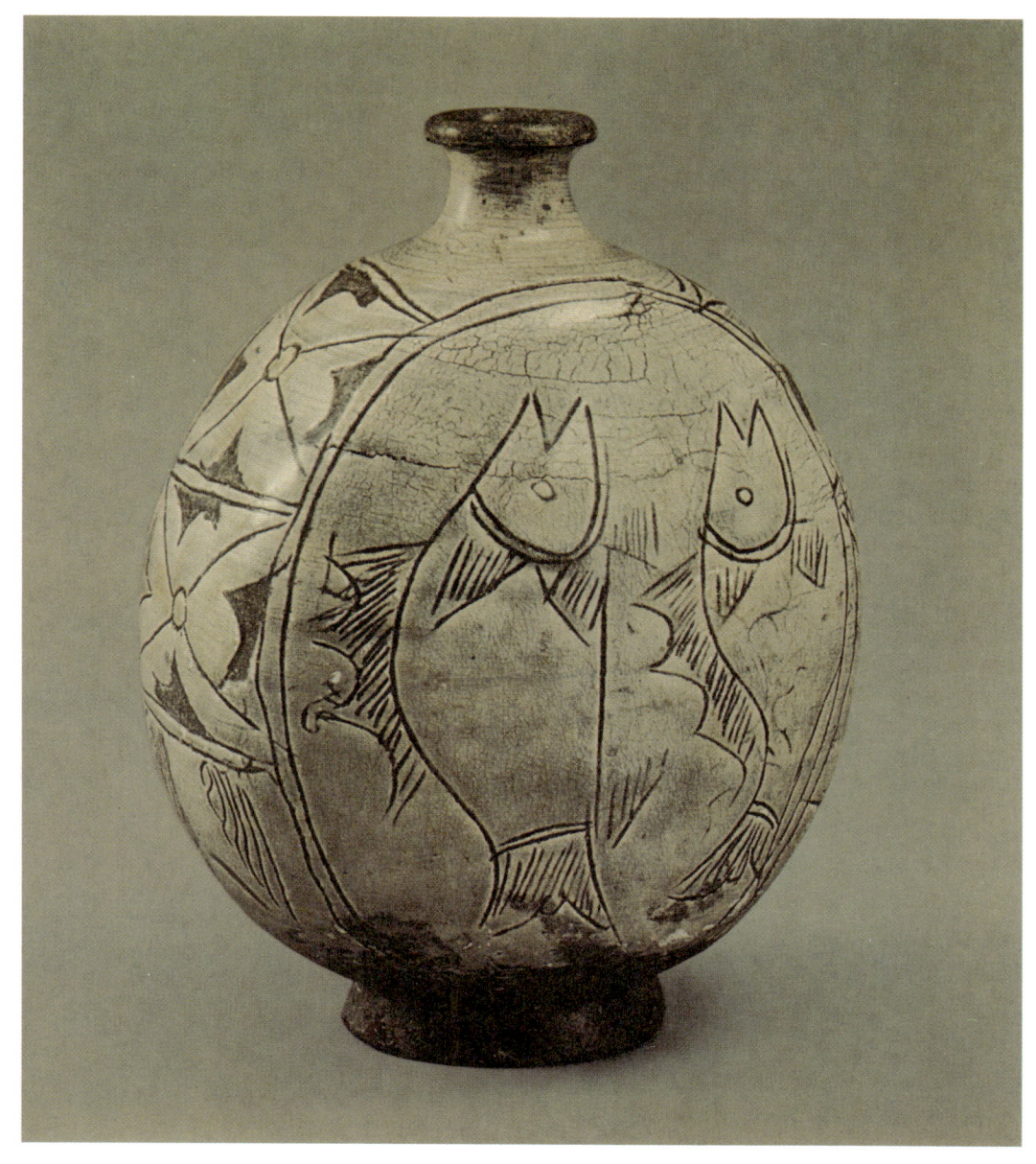

粉青沙器阴刻双鱼纹扁瓶，15世纪后期，高25.6厘米，第178号国宝，私人收藏。

此文物装饰纹样自由奔放，具有现代气息。器身绘刻两条鱼，头部向上扬起。1960年，此文物曾在法国巴黎展出，据说当时韩国留学生对此毫无触动，而法国人却被这件15世纪朝鲜王朝时期文物的艺术魅力深深折服。其艺术风格与马蒂斯（译者注：法国著名画家）的作品如出一辙。也许正因如此，粉青瓷也备受外国人的青睐。

粉青阴刻草花纹扁壶，15世纪，高19厘米，韩国鲜文大学博物馆收藏。
器表以适量的白化妆土装饰，银杏叶状的叶片上刻有花苞。器身整体施绘花卉图案，笔法自由奔放。器物下部未施白土，与粉妆之处对比明显。

污浊的娑婆世界中挺然而出。因此，莲花在佛教中是清净、圣洁、吉祥的象征。

粉青瓷中经常使用的鱼纹图案是众多的吉祥图案之一，隐喻多子丰产。而且鱼类目不阖睛，昼夜精进，因此佛家以此激励僧众"精进修行，一心办道"。

除鱼纹外，花卉图案也经常出现在粉青瓷的装饰纹样中。相比莲花纹，牡丹纹更为常见。朝鲜王朝时期，儒教盛行，比起来世的安宁，人们更重视现实的幸福。牡丹自古以来被称为富贵之花，被广泛用作装饰纹样。

那一时期的日常生活器皿上经常绘刻鱼纹和牡丹纹。由此可以看出当时人们对于现实生活的殷切期盼。

当时，在公州鹤峰里鸡龙山周边地区，主要烧造铁画粉青瓷，该青瓷是使用白土粉妆之后，以氧化铁颜料绘制图案。铁画粉青瓷又名"鸡龙山粉青瓷"，是人们模仿王室专用青花白瓷，用氧化铁代替氧化钴绘制而成。虽然以当时最高端的青花白瓷为参照，但铁画粉青瓷的图案却更加奔

粉青瓷阴刻鱼纹扁缶，15世纪后期，高18.7厘米，日本大阪市立东洋陶瓷美术馆收藏。扁缶造型独特，与酱曲相类似。文物上以白土装饰的部分代表波浪，鱼儿仿佛在水中平躺静止不动。几条短线充分展现了朝鲜王朝工匠的内心世界，是粉青瓷中的经典佳作。

粉青剥地牡丹草花纹扁瓶，15世纪后期，高23.8厘米，韩国广州朝鲜官窑博物馆收藏。
采用剥地技法制作而成。瓶身整体施白化妆土，以阴刻技法绘制牡丹叶片图案，图案以外部分被完全剔掉。瓶身颜色与图案颜色形成强烈对比，更加凸显牡丹纹饰，装饰图案构图独具特色。剥地粉青瓷主要产于全罗道地区，剥地技法不追求纹饰刻绘的细腻程度，但白土和胎土自身颜色对比鲜明，装饰图案独具个性。

粉青瓷剥地草纹碟，15世纪后期，口径18.1厘米，韩国三星Leeum美术馆收藏。

该文物内壁绘有叶纹，采用几何图案，纹理清晰。使用几根简单线条勾勒叶片的这一表现手法属于现代艺术的审美范畴。此文物虽饱经岁月洗礼，但其现代美感却超越时空，经久不衰。

放、诙谐。这是因为与烧造王室专用青花白瓷相比，制作铁画粉青瓷的限制条件更为宽松，因此图案风格更加豪放洒脱。

粉青瓷的魅力在于文物自身的灵动与自由豪放的风格。自由对于今天的人们来说，包含着极为丰富的重要含义，从这一点来看，粉青瓷的自由之美与现代人的审美具有高度的一致性。

除铁画粉青瓷外，当时还出现了一种与王室专用白瓷相类似的粉青瓷。根据使用白色化妆土装饰方法的不同，分为"痕迹粉青瓷"和"浸蘸粉青瓷"。因为需要将器物"浸蘸入化妆土"，因此已故的崔淳雨先生称其为浸蘸粉青瓷。痕迹粉青瓷和浸蘸粉青瓷均将器皿用白化妆土覆盖，然后施透明釉进行烧造，因此很难与白瓷区分开来。

在痕迹粉青瓷和浸蘸粉青瓷的出土文物中，以茶盏居多。日本出土的16世纪朝鲜粉青瓷中，也有很多使用痕迹和浸蘸技法制作的茶盏，这些器物体现出一种无心淡泊的禅趣，受到日本人的极大追捧，再次彰显了"高丽茶盏"的重要地位。

第六章

让日本人一见倾心的自由之魂——粉青瓷

16世纪

第五章介绍了朝鲜王朝时期上至君王下至平民广泛使用的粉青瓷。沿着瓷器发展的脉络，从高丽末期的象嵌青瓷，到15世纪朝鲜王朝时期的青花瓷器，一一领略了各个时期瓷器的发展流变。然而15世纪后期，随着朝鲜王朝王室对白瓷的喜爱，粉青瓷逐渐成为平民大众化的器皿，并呈现出地方特色。在第六章中，笔者将进一步探究粉青瓷的制作工艺，与读者一同欣赏独具地方特色的16世纪粉青瓷。

自由而奔放的线条世界

15世纪后期至16世纪前半叶，朝鲜王朝王室开始烧造优质的青花白瓷，从那时起再未使用粉青瓷。再加上朝鲜王朝王室明令禁止民间使用白瓷，当时的平民几乎不可能使用到优质瓷土烧制而成的白瓷。粉青瓷以溪谷中的沙土为主要原材料，将沙土磨碎后，沉淀过滤使用，因而杂质较多，土质粗糙。从胎土质量来说，沙土显然并非优质材料，用沙土烧制而成的粉青瓷纯度不精，含有杂质，因而气孔较多，胎色较深，多呈深灰色或青灰色等。随着粉青瓷在平民中的广泛使用，制瓷对优质原材料和高温烧造条件的需求逐渐消失。

粉青瓷由于不使用匣钵，因此器物内侧底部可以看到叠烧痕迹，这也证明在古代工匠烧制过程中不够精心。由于每次烧造数量较大，为节约时间，无法一笔一画绘制，只能采取简便之法，要么直接用画笔蘸满白化妆土，在胎体上一扫而过，要么将器物一次性浸蘸入化妆土中。虽然以今天的视角来看，使用痕迹技法和浸蘸技法制作的器皿更能凸显粉青瓷独有的风采，但与高温下烧制的优质白瓷、青瓷相比，粉青瓷的胎土粗糙、釉

粉青瓷痕迹纹盖钵，16世纪前半叶，高8.2厘米，韩国三星Leeum美术馆收藏。
如文物图片所示，痕迹纹尽显洒脱与奔放。从出土文物来看，盖钵普遍采用痕迹纹。器表覆盖的胎土与用于粉妆的白化妆土彼此映衬。

色过深，无法达到优质瓷器标准。因此在英语中，粉青瓷比瓷器低一个等级，被叫作stoneware（粗陶），或者干脆从瓷器中被独立出来，音译为bunchungware（粉青器皿）。

在今天看来，16世纪的粉青瓷的造型充满禅意，粉青瓷的纹饰像极了孩童笔下妈妈的脸庞，天真烂漫又饱含温情，其中最具代表性的便是痕迹粉青瓷。

痕迹技法是指对器身用白色化妆土粉妆，使用高粱穗或动物毛制成的画笔蘸满白化妆土，刷在器物上。经过工匠们娴熟的艺术创作，画笔在器物上会留下一道道自由奔放的线条。实际上，痕迹粉青瓷的烧造首先要有

粉青瓷阴刻鱼纹钵，16世纪上半叶，高11.7厘米，私人收藏。
该文物为带盖钵碗，内壁、外壁均以痕迹技法快速涂有白化妆土，内壁一角绘有鱼儿，可爱又富有灵性，器物主人使用此钵，会有顿顿食鱼之感。

工匠们炉火纯青的施绘技艺。

孔子曾说："七十而从心所欲，不逾矩。"痕迹粉青瓷亦是如此。器表纹饰看似简单、随性，但却达到了极高的艺术境界。这是工匠们在多年烧造高丽青瓷的基础上，日积月累，在精益求精中练就的炉火纯青之技。

青瓷和白瓷给人的第一印象多少有些高冷，只有假以时日细细品味，才会感受到它别样的魅力。而痕迹粉青瓷质朴、淡雅，给人留有无尽的遐想空间。有时痕迹本身也自成装饰，在器表施绘鱼儿，痕迹便会成为涓涓细流；施绘鸟儿，痕迹便好似朵朵白云。痕迹粉青瓷有邻家阿姨般的包容和大度，也有大自然般的恬静与唯美。

有的粉青瓷是抓住底足蘸入白化妆土中。事实上，朝鲜王朝时期是将器物一下子扔进去，还是慢慢沉进去，其细节今天尚且不得而知，已故的崔淳雨先生根据朝鲜语字面意思，将这些在白化妆土中浸蘸后烧造的器皿称为"浸蘸粉青瓷"。粉青瓷主要出现于15世纪后半叶至16世纪前半叶，其最大特点是底足无釉。这并不是为了节省白化妆土，而是在使用过程中白化妆土会逐渐掉落，因此从一开始便未在底足施釉。

　　如前文所述，粉青瓷多被用来制成茶盏。似乎茶道追求的禅境，与瓷窑烧造下形成的烟熏痕迹，会让人不由得产生共鸣。尤其是，采用痕迹技术或浸蘸技术制作而成的粉青瓷，总是让人如痴如醉。2005年韩国现代美术馆评选年度瓷器作家，粉青瓷大师尹光照先生摘得桂冠。尹光照先生醉心于粉青瓷的独特魅力，在研究痕迹粉青瓷和浸蘸粉青瓷的无我境地中，通过文字向人们讲述着粉青瓷几百年来让匠人们为之沉醉痴迷的动人魅力。

　　韩国鸡龙山甲寺和东鹤寺是著名的巫师修炼地点，周围均出土了铁画粉青瓷窑遗址。这里出土的铁画粉青瓷也被称为"鸡龙山粉青瓷"。铁画粉青瓷产生于15世纪后期，在模仿朝鲜王朝王室专用青花白瓷的基础上，先在器物表面涂白化妆土，然后用含铁的矿物质颜料在器物上绘制纹样，烧造而成。当时，氧化钴颜料很难获取，为了充当青花白瓷，瓷匠们使用较为常见的氧化铁颜料制作出粉青瓷。从铁红（石间朱）中获取的红色黏土通常被用作氧化铁的主要原料。

　　尽管当时痕迹粉青瓷和浸蘸粉青瓷的产地遍布全国，但铁画粉青瓷的烧造主要集中于韩国忠清道一带，其他地区鲜有铁画粉青瓷出土。虽有资料显示，部分铁画粉青瓷被贡纳官府，但主要还是用作民间容器。

粉青瓷痕迹纹瓶，16世纪上半叶，高31.9厘米，韩国三星Leeum美术馆收藏。

痕迹技法广泛用于各类器型的纹样装饰。烧造痕迹粉青瓷无须使用特殊颜料或刻刀，只需准备一把毛刷，在瓷器表面涂刷白化妆土即可。痕迹粉青瓷装饰纹样简单，不需要丰富的绘画题材，大大减轻了工匠的制作压力。

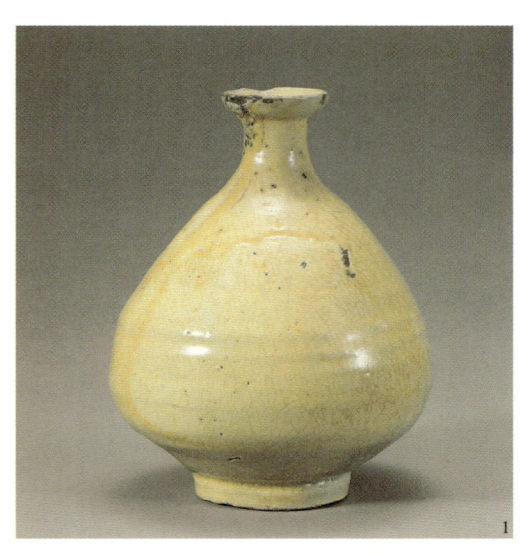

1. 粉青瓷浸蘸小瓶， 16世纪前半叶，高15.5厘米，私人收藏。

此文物是将器物浸入白化妆土中，表面裹满白化妆土，因此为白化妆土粉妆瓷器，而非白瓷。釉色白中泛黄，柔和悦目，充分显示了朝鲜王朝时期瓷器由浸蘸粉青瓷逐渐向白瓷的过渡历程。如图所示，16世纪中期以后，器物瓶身更加圆鼓。

2. 粉青瓷浸蘸小执壶， 16世纪上半叶，高7.7厘米，私人收藏。

此执壶使用浸蘸技法制作而成，从注口到手柄，整体皆以白化妆土装饰。朝鲜王朝初期，优质白瓷供不应求，为填补白瓷不足的缺口，通常在粉青瓷胎外施一层厚厚的白色化妆土，以致很难区分是白瓷还是粉青瓷。

在刷满白化妆土的器物上使用氧化铁绘制鱼、牡丹、荷花等图案后，仿佛是鱼儿在水中嬉戏，花儿浮出水面，栩栩如生，受到许多人的喜爱。在日本某博物馆展室中，笔者曾看见当地游客在铁画粉青瓷面前久久不肯离去。铁画粉青瓷的图案抽象又不失逼真，在洒脱随性的笔触下，线条苍劲有力又不失自由奔放，奇妙之感难以言喻，仿佛有一种神奇的吸引力让人痴迷。

铁画粉青瓷主要以鱼纹作为装饰图案。1500年前后，忠清道公州地区流行与本书第228页文物图案相似的铁画粉青瓷。"鱼"是多子的象征，汉语中，"鱼"字的发音与"充裕""富裕"的"裕"字发音相似，因此鱼纹常被用作装饰纹样。

据高丽王朝遣元使臣文益渐（1329—1398年）记载，棉花于高丽末期传入朝鲜半岛，但直至16世纪前半叶，棉布衣才得以普及。朴素的白色棉布衣与朝鲜性理学所追求的简朴素雅不谋而合。随着性理学的发展，更加强调清廉与洁白。这一社会风气在陶瓷上得到真实体现。15世纪上半叶，世宗在位期间，明代白瓷传入朝鲜王朝。

随着性理学和白瓷的发展，当时的工匠们开始思考，如何才能使粉青瓷看上去更像白瓷。于是，他们将粉青瓷全部浸蘸入化妆土中后发现有些文物从外观上难以辨别是粉青瓷还是白瓷。后来，随着白瓷的大众化和人们审美的改变，粉青瓷在1570—1580年，壬辰倭乱发生之前，悄然退出历史舞台。换句话说，为了看上去像白瓷，而用白化妆土粉妆粉青瓷已毫无意义，粉青瓷也从此消失。而白瓷的普及正是粉青瓷消失的主要原因。

之前，有人认为，壬辰倭乱时期，制造粉青瓷的工匠被带往日本，致使朝鲜粉青瓷制造业走向衰退。尤其是在日本，至今仍有许多人相信此

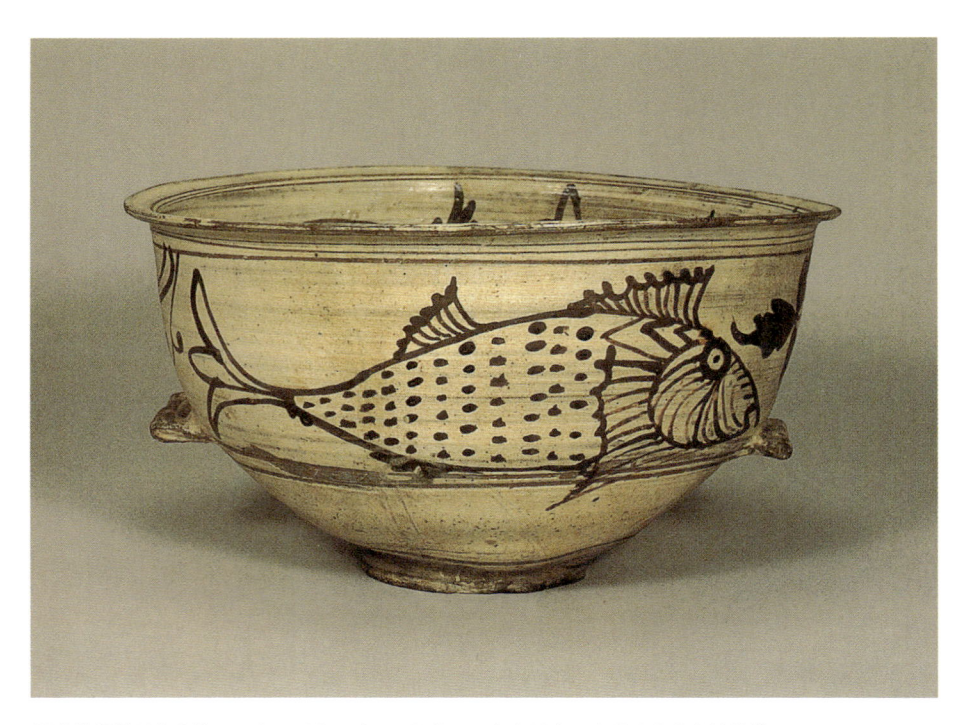

粉青沙器铁画鱼纹钵，15世纪后期，高17.7厘米，日本大阪市立东洋陶瓷美术馆收藏。
器表整体绘制的装饰纹样，仿佛毕加索笔下的鱼儿，好似戴着眼镜，个性十足，引人注目。鱼儿占满整个器物表面，似乎大小比例有些失调，但这种自由奔放的装饰技法正是此器物的魅力所在。

类说法。但大部分瓷窑遗迹显示，当时瓷器工匠们被带到日本九州地区以后，集中烧造白瓷，而非粉青瓷。只有位于日本西北部海岸的唐津地区发现了粉青瓷的烧造痕迹，但这也是应日本国内需求，由工匠后代们烧造而成。事实上，在壬辰倭乱后建造的瓷窑并未烧造粉青瓷。

韩国忠北大学原教授姜敬淑在粉青瓷的研究上颇有建树。姜敬淑教授的研究结果显示，从目前调查发掘出土的粉青瓷窑可以看出，粉青瓷消失于16世纪50年代以后。因此，壬辰倭乱时工匠被遣往日本，致使朝鲜粉青瓷工艺失传的说法并不成立。

粉青铁画莲花鱼纹缶，15世纪后期，高15.4厘米，日本大阪市立东洋陶瓷美术馆收藏。

此缶底置矮足，潜水艇状，器型沉稳大气。器表装饰图案清新秀美，描绘了荷塘中莲花盛开、水面飞鸟捕食鱼儿的情形。文物装饰图案散列分布，在写实绘画的同时，运用了夸张手法，鱼儿与飞鸟大小同比绘制，让人感觉仿佛在欣赏一段童话故事。痕迹技法的主要特征是活力四射、动感十足。此文物造型可爱，可以唤起人们心灵中的童趣。

粉青浸蘸碗, 16世纪上半叶,高8.3厘米,日本私人收藏。

此文物纯粹自然、不加修饰,在日本被称为不朽之作,迄今有500年的历史,以浸蘸技法制作而成。采用白化妆土装饰的过程中,落入叶片,自然留下瑕疵,却成为经典艺术。适合用来盛装抹茶饮用。

粉青铁画牡丹纹瓶，15世纪后期，高28厘米，韩国国立中央博物馆收藏。

该器身以白化妆土装饰，颈部与器身下部刻绘线条，器身中部绘有大牡丹纹，简洁大气。牡丹是富贵的象征，朝鲜王朝时期常以此纹装饰粉青瓷。花蕾和花叶以铁画颜料点缀，色彩鲜明。高足造型是鸡龙山粉青瓷的主要特征。

高丽末期，由于日本海盗的日益强横和频繁侵扰，位于重要沿海地区的青瓷窑均遭到严重破坏。日本海盗的入侵不仅加速了高丽的灭亡，也使青瓷制造业逐渐走向衰败。此后，随着白瓷产量的不断增加，粉青瓷逐渐被新的品类所取代，消失在朝鲜半岛制瓷史的漫漫长河之中。

日本人喜爱的朝鲜粉青瓷

粉青瓷对日本的影响一直持续至今。15—16世纪，日本以三浦地区为中心，与朝鲜王朝开展贸易往来。据文献记载，那一时期约有1000名日本人在韩国蔚山、金海和釜山地区常住。在当时，日本处于东亚文化圈外围，十分渴望吸收东亚文化。尽管日本野心勃勃，但朝鲜王朝认为有必要与日本保持最基本的友好交流关系，于是向日本赠送各种文物，助其吸收先进文化。这一时期，朝鲜王朝的大藏经、佛画、棉布以及陶瓷成为日本主要的觊觎对象。

15世纪后期至16世纪，日本处于室町时期和战国时期交替，形势一片混乱，京都成为日本的政治中心和文化中心。当时执掌天下大权的织田信长（1534—1582年）为克服频繁战乱引起的社会动荡，寻求内心平静，开始沉迷茶道，视茶禅为一体。

千利休（1522—1591年）是16世纪日本茶道的集大成者，被尊为日本茶圣。16世纪后期，千利休开创空寂茶之道，与织田信长因茶结识，往来甚密。织田信长死后，千利休又担任了丰臣秀吉的茶头（茶道侍从）。当时，作为天下第一茶道大师，千利休地位极为显赫，对当时的统治者们影响深远。后来由于招致丰臣秀吉的猜忌，剖腹自尽。

千利休创立的空寂茶道，可以在两坪（译者注：1坪≈3.3平方米）左右的小茶屋中进行。相对于吃茶器皿和茶道仪式来说，空寂茶道更重视超脱世俗、洁心净身的精神境界。在一间幽寂的简单茶室中细细品味，远离喧嚣，不问世事，抛开物欲杂念，享受内心的片刻平静以及顿悟而生的紧

千利休画像
说起日本的茶文化，千利休不得不提，千利休曾向日本战国时期的统治者——织田信长、丰臣秀吉传授茶道，对日本茶文化的影响一直持续至今。

张情绪。空寂茶道是那一时期日本最极致的物质享受,也是一种全新的社会文化。当时千利休主持的茶席几乎等同于机密性闭门会议,并非所有人都可以参加。

据说,千利休十分喜爱口径15—17厘米的朝鲜粉青瓷碗。最初,中国天目茶碗在日本大受欢迎,但随着千利休新茶道在日本国内的广泛传播,日本爱茶之人转而倾心于朝鲜粉青瓷。因为粉青瓷的质朴与茶自身清淡朴实的内涵更为契合。

1581年,织田信长被暗杀,随后,丰臣秀吉统一日本,接受了主君织田信长青睐的茶道文化,并加以传播。那时,丰臣秀吉经常举办茶会,与亲信权臣在狭小的茶室里议政。而参加这样的聚会本身,对于武士们来说,是财富和名誉的象征。于是,九州地区的城主们渴望师从千利休学习茶道。

随着茶道在日本的兴起和发展,茶碗的需求量不断增加。当时朝鲜茶碗被日本人视为珍品。壬辰倭乱期间,被强行带到日本的朝鲜王朝陶工李参平等人,在各地城主的支持下,着力烧造茶碗。李参平被尊为日本陶神,朝鲜王朝工匠也成为日本茶碗制造业的主力军。

粉青痕迹纹碗,16世纪前半叶,高6.9厘米,口径14.8厘米,日本私人收藏。
痕迹纹茶碗,日本文物,迄今已有500多年历史,曾为千利休个人物品。碗口外敞,最初或许带盖。目前出土的此类茶碗,大部分口径约15厘米,正好可以握在手上。口径超过20厘米的茶碗,一般被称作大盘。

壬辰倭乱结束后，朝日贸易重启，日本首次向朝鲜王朝通信使索要的贡品便是茶碗。17世纪以后，日本也将陶瓷制品用作各类餐具。随着日本国内对瓷器需求的不断增加和普及程度的不断扩大，出现了白瓷、青花白瓷和彩色瓷器。今天，日本之所以成为陶瓷强国，除自身的努力之外，传播朝鲜粉青瓷烧造技术的工匠们功不可没。

陶瓷对日本的近代化进程产生了巨大影响。中国作为陶瓷的宗主国，明末清初海禁后，瓷器无法出口欧洲。当时，清朝为了稳定内部势力，防止南北沿海地区的汉族民众通过海上活动接济反清、抗清势力，实行"迁界禁海"。日本借中国陶瓷外销供应中断这一契机，一跃成为欧洲新的陶瓷供应国。

当时，很早就进军日本市场的荷兰商人将日本的色绘瓷器传入欧洲。日本在长崎建立通商口岸，与荷兰展开广泛的贸易往来。为向欧洲大量供应日本陶瓷，新一批瓷窑如雨后春笋般涌现。当时，对于日本的陶瓷工匠来说，国内市场已趋于饱和，难以生存，欧洲成为日本新开辟的供货市场。欧洲现有日本瓷器100多万件，可见通过与欧洲之间的贸易往来，100多年间，日本积累了巨大的财富。不仅如此，日本明治维新的成功也得益于向欧洲出口陶瓷。

日本人最喜爱朝鲜的粉青瓷和白瓷。现藏于日本大德寺的朝鲜白瓷茶碗从德川幕府时期流传至今，拥有100多年历史。柳宗悦（译者注：日本著名民艺理论家，美学家）在看到这件被七层包装纸层层包裹的茶碗时，内心受到了极大触动，他说，即使一件极其简朴的器皿，也会因外在价值而产生巨大影响。

日本大德寺孤篷庵所藏的喜左卫门井户茶碗原为朝鲜半岛文物，后成为日本国宝。在数不尽的优秀作品面前,日本将16世纪的朝鲜茶碗定为国宝,实在令人不可思议。此茶碗底足较高,器表冰裂和陶轮痕迹清晰可见。釉面原本为灰绿色,但经过漫长的岁月洗礼,现已泛黄。此文物为茶道界珍品——井户茶碗的原型,16世纪70年代日本文献记载,朝鲜半岛庆南地区烧造的喜左卫门曾被运往日本。

  直至今天,工匠们仍无法还原喜左卫门上的陶轮痕迹。井户茶碗采用瞬间成型的工艺,因此独具魅力。朝鲜茶碗展现了独特的空寂冷淡美学,受到日本人的狂热痴迷,这也成为壬辰倭乱爆发的直接原因之一。在日本,壬辰倭乱也被称为"陶瓷战争"。

  个人认为,"自由"是指不被任何事物所束缚的一种状态。作为社会中的一员,不断追求物质和精神层面的自由,可以带来心灵深处的幸福和宁静。然而,生活在世间的每一个人必然从属于某一个集合,因此有时感到无自由可言。在这样的大环境下,某种程度的"自由"便成为现代艺术所追求的目标之一。粉青瓷的艺术魅力就在于自由、奔放、洒脱、随性,尽管外表粗糙、造型淳朴,但其不拘泥于形式的自由之美却独具魅力,仿佛我们内心世界的真实写照,让我们心生向往。

喜左卫门井户茶碗，16世纪后期，口径15.3厘米，高9.1厘米，日本京都大德寺孤篷庵收藏。
此茶碗被定为日本国宝，底足较高，为辘轳车拉坯成型，器表冰裂和陶轮痕迹清晰可见。统一新罗以前时期、高丽时期优秀作品层出不穷，但他们却将16世纪的朝鲜茶碗定为国宝，不禁令人匪夷。此文物釉色原为灰绿，但经过漫长岁月洗礼，现已泛黄。今天被誉为茶道界珍品的井户茶碗，正是以此为原型。

御所丸茶碗，17世纪，高7.3厘米，日本重要文化遗产，日本藤田美术馆收藏。

日本人在釜山设立倭馆后，烧造自己喜欢的瓷器运往日本。此茶碗产于日本德川幕府时期（1603—1867年），器表人为制成诸多褶皱。此类器型是17世纪日本陶瓷为满足顾客的特殊需求，而定制的一种器品。

第七章

钟情白瓷的朝鲜王朝

15—16世纪

沿着古代陶瓷横跨千年的发展历史，到目前为止，我们领略了高丽青瓷和朝鲜粉青瓷的世界。在第七章中，让我们一同观赏美丽的朝鲜白瓷，探寻15—16世纪白瓷的发展轨迹。

众所周知，中国是世界陶瓷大国。进入文明社会以后，中国陶瓷经历了1万多年的创新与发展，对周边国家和地区产生了巨大影响。从14世纪开始，中国瓷器烧造品类从青瓷转为白瓷，除元朝崇尚白色而产生的助推效果外，最主要原因在于耐高温高岭土的发现与应用。高岭土又称瓷土，可以耐受1300℃的高温。

自14世纪起，景德镇开始使用高岭土烧制细白瓷，并尝试使用含有钴等化学元素的各种矿物颜料烧造白瓷。元朝时期，青花白瓷和釉里红瓷广为流行，到了明清两代，以西方颜料——珐琅绘制图案的珐琅彩瓷成为主流。从此，中国陶瓷史翻开了全新的一页。彩色瓷器釉色绚丽缤纷、工艺技法精湛，与传统中国瓷器截然不同。

朱子学的传入与白瓷的流行

15世纪以后，在中国的影响之下，白瓷逐渐成为朝鲜王朝制瓷业的主流。朝鲜王朝初期，制瓷业的重心从青瓷演变到白瓷，也是顺应东亚地区时代发展变化的必然趋势。早在14世纪后期，即高丽末期，白瓷就已逐步开始成为主要的烧造品类。

中国元朝时期，汉人中的知识分子认为，要想摆脱蒙古的管控，要从道德层面寻求突破。朱子学创立于宋代，倡导对自身生活境界的反思与追寻，作为官德思想，倡导清正廉洁。换句话说，当时被排挤出权力中心的汉人知识分子仍坚守立场，不断与元朝旧贵族展开斗争，他们被视为敢于挑战不公与权威的君子，其清正廉洁的形象与顽强的斗争行为也被世人所牢记。他们勇于对元朝的政治文化发起冲击，这一系列举措对当时受制于元朝的高丽知识分子也产生了巨大的影响。

从13世纪末至14世纪初，忠烈王、忠宣王在位时期（忠烈王：1274—1308年；忠宣王：1308—1313年），在元大都（今北京）万卷堂，高丽和中国文人及当时的统治阶层展开了广泛的交流与讨论。李齐贤（1288—1367年）、李穑（1328—1396年）等高丽知识分子与赵孟頫等中国书画大家关系密切，从而接触到当时元朝流行的各种画风和书体。这对高丽晚期和朝鲜王朝早期的文化产生了深远影响。

安珦（1243—1306年）是将朱子学思想引进高丽的第一人。1289年，他随忠烈王出使元大都时，手抄《朱子全书》，并临摹孔子、朱熹画像带回高丽。朱子学成为当时推动高丽人摆脱元朝控制、引领社会变革的重要思想武器。高丽末期，由于佛教部分人员贪污腐败，逐渐引起排佛之风。作为传统的佛教国家，高丽逐渐推行崇儒抑佛政策。而此时，以朱子学为理论武器的新兴士大夫掌握了高丽末期的政治主导权，性理学作为一种全新的思想理念在高丽扎下了根。与此同时，在抵抗日本海盗过程中立下汗马功劳的李成桂等众武将，携手性理学家们一举推翻高丽王朝，开启了历史的新纪元。

李成桂建立朝鲜王朝，离不开郑道传、赵浚等新兴士大夫的鼎力支持。朝鲜王朝的设计者——郑道传因其政治改革过于激进，被李芳远（译者注：后来的朝鲜太宗）所杀。韩国历史学界对郑道传给予了高度评价，称其为确立朝鲜王朝治国理念和都城汉阳基本雏形的股肱之臣。

朝鲜王朝建立后，在郑道传等新兴士大夫们的倡导下，大力实行抑佛崇儒政策，倡导清廉正直的君子形象，黄喜（1363—1452年）等官吏被推举为清官的典范，推动性理学扎根朝鲜王朝，清贫的君子形象逐步得到认可。在这种社会氛围下，朝鲜王室被迫放下奢华，力求艰苦朴素、勤俭节约。

朱子学的思想理念不涉及死后世界。孔子曾说："未知生，焉知死？"意思是说：尚不清楚生命的意义，又谈何死亡？孔子很少谈论"彼岸世界"，性理学家们讨论的重点也在于"人是怎样生活的"，他们认为理想的人生轨迹在于：出生为人，受父母之爱，接受儒家教育，参加科举，及第入仕，立身行事，治国齐家，尽享太平，儿女在侧终其一生。在追求人生现实理想的过程中，都要严格遵循儒学思想所规定的日常生活伦理。因此，刚正不阿、清廉正直的君子被视为最理想的人格形象。

此外，当时随着棉花的大面积种植，棉布衣成为服饰文化的主流，而这种布衣也与朝鲜王朝士大夫的理想追求不谋而合。纯白棉布衣象征清廉正直，恰好契合士大夫们朴实无华的人生信仰。

高丽后期，象嵌青瓷逐渐淡出历史舞台，到了朝鲜王朝初期，粉青瓷继承了象嵌青瓷的神韵之美，开始批量生产。随后，粉青瓷逐渐向白瓷过渡，而这一时期，正值性理学从明朝传入朝鲜王朝。朝鲜太祖和朝鲜太宗在位期间（太祖：1392—1398年；太宗1400—1418年），朝鲜王朝一度断绝了与明朝的外交关系，直到朝鲜世宗即位以后，1425年左右，双方关系才重新恢复。据《世宗实录》记载，世宗七年（1425年），明洪熙帝令行朝鲜王朝"纳贡新造白瓷10桌"。为此，世宗向明朝贡纳韩国京畿道广州白瓷250件。这一史料证实，15世纪20年代，朝鲜王朝已具备独立生产白瓷的能力。

此后，1428年和1430年明宣德年间，中国生产了大量的优质青花瓷，朝鲜王朝也因此获赠上等白瓷和青花白瓷。《朝鲜王朝实录》记载，中国宣德皇帝曾将青花颜料绘制的龙纹酒缸等赠予朝鲜王朝。白瓷从中国传入后，朝鲜王朝国王和集贤殿（译者注：朝鲜王朝研习学问的机构）文人们受到了极大的文化冲击。普遍使用朝鲜粉青瓷的人士看到青花白瓷后，无不拍案叫绝。也许正是青花白瓷的传入，让朝鲜王朝的士大夫们开始喜爱并崇尚明朝文化。

14世纪后期，元朝轰然崩塌，明朝强势崛起，朝鲜半岛摆脱了元朝的压迫，建立朝鲜王朝，并开始整理修缮诸多前朝文物。明朝建国后，迅速稳定国内局势，随后建国的朝鲜王朝在政治上直接仿造明朝体制。这一时期，中国的白瓷和青花白瓷相继传入朝鲜王朝。此外，15世纪30年代，世宗在位期间，琉球王国将明代瓷器赠予朝鲜王朝，再次对朝鲜王朝王室产生了深刻影响。其中，纯净无瑕的白瓷之上以蓝色颜料施绘的梅竹纹样，恰似儒生的高风亮节，令人震撼。而青花颜料营造的视觉效果，在粉青瓷上却无法实现。明代青花瓷在国际上迄今仍享有极高盛誉，拍卖成交额也多为天价。

对青花白瓷一见倾心的朝鲜王朝开始尝试自己烧造青花白瓷。然而，当时朝鲜王朝社会主要烧制粉青瓷，使用含钴颜料施色后器表变黑，无法仿制出中国的青花白瓷。事实上，要想烧造青花白瓷，首先要有细白瓷，就好比绘画需要空白画纸。此后，朝鲜王朝为烧造青花白瓷，烧制了大量的优质白瓷，而这些优质白瓷便成为王室的专属瓷器。

15世纪上半叶，世宗在位期间，集贤殿文人成为朝鲜王朝文化传承与发展的中坚力量。他们钻研中国古代历史，尤其是专注孔孟所属的春秋战国时期历史，不仅考察当时的社会制度，而且对当时使用的器物深有研究。集贤殿文人们崇尚中国文化，不断努力深入学习中华文化内涵。对中国古代器物的研究，也是探究中国文化内涵的重要一步。随着士大夫们对中华文化研究的不断深入，对中国白瓷也更加心生向往。

15世纪40年代，在京畿道广州退村面牛山里一带，白瓷的生产正式拉开序幕。同一时期，庆尚道高灵和尚州一带开始建造瓷窑，烧造白瓷。随后，全罗道南原地区也加入这一行列。

朝鲜王朝儒臣金宗直《占毕斋集》《彝尊录》中记载，1445年，被誉为一代名将的朝鲜王朝著名文臣金宗瑞（1383—1453年）在任道巡察使期间，曾巡察高灵地区，对高灵县监酒筵上使用的高灵白瓷连声称赞。可见，当时高灵一带已烧造优质白瓷，让统治阶层爱不释手。

此外，还有文献显示，朝鲜王朝初期南原县监改进白瓷原料的加工方法，烧造更为优质的白瓷。从上述文献记录可以看出，京畿道广州，庆尚道高灵、尚州，以及全罗道南原四个地区均为当时的白瓷产地。

成俔《慵斋丛话》中记载，世宗在位期间，御器皆为精美白瓷。15世纪40年代，在白瓷被正式大量生产以前，白瓷仅为王室专属，主要于上述四个地区烧造。迄今为止，通过一系列地表调查，广州、高灵、南原等地均已发现朝鲜王朝早期的白瓷瓷窑痕迹，然而尚州地区的窑址迄今尚未发现。

15世纪时，王室专用白瓷祭器正式出现。朝鲜王朝十分重视祭祀文化，需要大量祭器以供使用。白瓷祭器制作方便，能够满足祭器数量的需求，且易于打理。不仅如此，白瓷祭器可以代替铜器，弥补朝鲜王朝无法生产铜器这一缺陷，因此正式开始批量生产。据文献记载，1447年，世宗曾下令将文昭殿、辉德殿的祭器全部换为白瓷。世宗年间的诸多文献中都有白瓷相关记载，当时朝鲜王朝上下对白瓷的珍爱可见一斑。

15世纪40年代，朝鲜王朝以白化妆土的产地为中心推行白瓷烧造业，取得了一定的成效。当时，明朝要求朝鲜王朝纳贡银器，而银器产量甚少，因此朝鲜王朝更加着力烧制白瓷。开国初期，朝鲜王朝同高丽时期一样，王室大量使用银器。银器具有遇毒变黑这一特性，在朝鲜王朝初期国内局势一片混乱的情况下，起到了一定的作用。随着银具在王室的大量使用，朝鲜王朝银矿供不应求，无法向明朝贡纳足够数量的银器，因此向明朝提出变更朝贡品目，未想遇阻。在此情况下，朝鲜王朝王室迫切寻找银器替代品，这为白瓷用作王室器具提供了契机。因此，世宗下令将白瓷作为王室瓷器，这也是由于朝鲜王朝与明朝的政治关系所致。

从那时起，朝鲜王朝社会瓷器的发展主线由青瓷转向白瓷。随着在白瓷上用含钴颜料刻绘纹饰的青花白瓷成为朝鲜王朝王室和士大夫的新宠，白瓷的需求量稳步增加。同时，明朝要求朝鲜王朝纳贡银器，也为朝鲜王

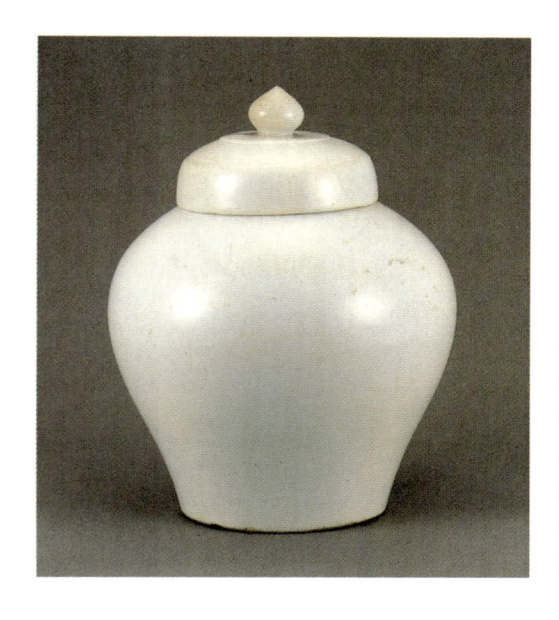

白瓷壶，16世纪，高28厘米，韩国梨花女子大学博物馆收藏。
带盖瓷壶多为礼器，用于国家大大小小的典礼仪式。与筵席器具不同，仪礼器具端庄素雅，器身不施任何纹饰。莲蓬状盖钮为此文物主要特征。从造型推测，主要用于盛酒。

朝王室转为使用白瓷,提供了契机。从那一时期,朝鲜王朝举全国之力烧造优质白瓷。

但白瓷的烧造过程绝非一帆风顺。青花颜料即使在当时的明朝也极难获取,明宣德年间甚至从遥远的阿拉伯经苏门答腊岛进口钴蓝矿石。将这些远道重洋运来的钴蓝矿石,拿到景德镇提炼,用于制作青花白瓷。那一时期,钴蓝料的价格甚至高于黄金。中国明代航海家、外交家郑和（1371—1435年）七下西洋实现了含钴蓝矿石的进口,但随着海禁政策的提出,明朝的对外贸易政策发生了巨大转向,青花颜料等阿拉伯物品无法入关。因此,15世纪40年代后,朝鲜王朝面临着青花颜料供给严重不足的困境。

一方面无法获取青花颜料,另一方面白瓷仍需刻绘纹饰,在这一背

白瓷象嵌草花纹扁瓶, 1466年,高22.1厘米,第172号国宝,韩国三星Leeum美术馆收藏。

景下象嵌白瓷应运而生。所谓象嵌白瓷，指在牙白色瓷器表面象嵌赭土的白瓷。早期白瓷以象牙白为主。延续高丽时期象嵌青瓷的制作技法，在牙白色器面刻绘花纹，填入赭土烧制。现存的诸多象嵌白瓷大约制造于15世纪中后期。庆尚道彦阳出土的白瓷象嵌草花纹扁瓶可能用于室外盛酒。器身扁平，底足较高，瓶身刻有牡丹唐草纹样，以象嵌技法，在白化妆土上刻绘图案，填充黑色赭土烧造而成。此文物与"1466年铭文碑石"一并出土，因此可以准确获知烧造年份，被视为国宝。尽管造型简单，装饰朴素，但作为历史最久远的象嵌白瓷文物，具有极高的收藏价值。

与白瓷象嵌草花纹扁瓶一并出土的文物，还有刻有"晋阳郡令人郑氏之墓"铭文的碑石。此碑石顶部以莲花图案装饰，形状类似号牌（译者注：朝鲜王朝管理百姓的方法，上面写着姓名、住址、职业），上面划阴刻字，这种书写方式与朝鲜王朝初期的石碑极为相似。釉色泛黄，略带象牙色。此器物胎质较软，以钴蓝刻绘花纹容易变黑。非严格意义上的硬质

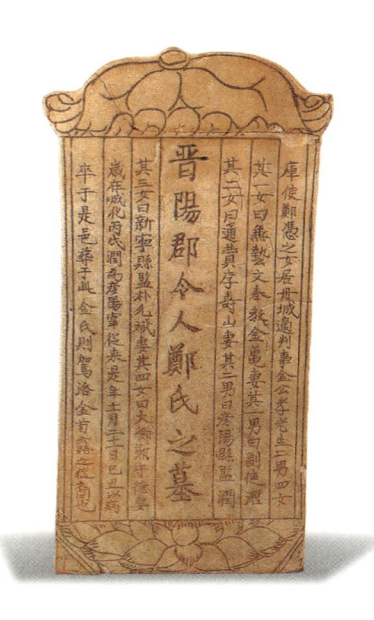

晋阳郡令人郑氏碑石
1466年，长20.4厘米，宽38.6厘米，韩国三星Leeum美术馆收藏。

246

白瓷，因此无论碑石题字，还是花纹刻绘，均采用象嵌技法，而非青花颜料。此碑石是朝鲜王朝时期的重要文物，可以证实一同出土的扁壶烧成时间为1466年。

当时，尽管朝鲜王朝努力开采本国白化妆土烧造白瓷，但由于明朝严格管控青花颜料的使用，防止外流，导致朝鲜王朝国内钴料供应紧张。无奈之下，朝鲜王朝王室开始烧造象嵌白瓷代替青花白瓷。尽管有说法称，此前朝鲜王朝已成功烧制象嵌白瓷，但迄今出土的文物中，最久远的象嵌白瓷制作于1466年。通过此文物，可以推断15世纪中期白瓷的制作情况。

15世纪50年代，朝鲜世祖即位。在世祖还是首阳大君时，曾出使明

白瓷象嵌牡丹纹钵，15世纪后期，高16.5厘米，私人收藏。
现存的象嵌白瓷文物器型多样，大多为软质白瓷，胎质粗糙。此文物以象嵌技法施绘牡丹纹和牡丹唐草纹。胎土为白色，以象嵌技法绘制图案后，填充黑色颜料。此文物用作盛饭器具，属于高足盖碗。自古以来，高足器皿主要用于宗教仪礼，因此从底足的高度推测，该文物可能是宗教仪式上使用的盛饭器物。

朝,在明朝接触青花白瓷后,切身感受到白瓷的魅力。《世宗实录》1448年(世宗三十年)记录显示,"私运青花白瓷出大明者,即处死刑,禁行一切瓷器贸易"。可见,当时青花白瓷无法被带入朝鲜王朝。这一时期,青花白瓷的进口一时中断,但朝鲜王朝对青花白瓷的需求却从未停止。

  1455年,世祖即位,再次强调对青花白瓷的喜爱。但当时烧造的象嵌白瓷属于软质瓷器,采用青花颜料刻绘花纹器表会发黑,无法获得理想中的蓝色系青花白瓷。世祖在位期间,朝鲜王朝工匠为了烧造可施绘青花颜料的硬质白瓷,开发本土青花白瓷,反复尝试,终于找到如下两种方法:一是挖掘优质白土,烧造白瓷;二是在本国寻找钴蓝矿石。《世祖实录》1463年和1464年记载,世祖下令全国观察使,呈报朝鲜王朝青花颜料矿石产地。据呈报,顺天、康津、密阳等地发现类似青花颜料后,世祖下令将

白瓷象嵌牡丹纹瓶, 15世纪后期,高32.3厘米,日本大阪市立东洋陶瓷美术馆收藏。

其运往京畿道广州，尝试烧造青花白瓷。

在这一时期，为保证能够生产优质白瓷，世宗下令详细勘察全国范围内的白土。后来发现通往金刚山陆路通道的江原道杨口地区出产白土，且京畿道广州附近的武甲山山脚下同样出产名为"水土"的优质白土。此外，河东、山清、晋州等地均发现了白土。世祖还下令上述地区的白土仅可用于烧造王室器皿。据《经国大典》记载，世祖时，帝王酒器使用青花、白瓷器，禁止平民使用。

当时，朝鲜王朝各地出产的白土均被运往京畿道广州，用于制作优质白瓷。经多次勘察，在天主教天真庵圣地的所在地——莺子峰山麓附近的牛山里地区发现早期白瓷的烧造痕迹，因此最初白瓷的产地主要位于该地区。当时，其他地方出产的青花颜料被运到京畿道广州烧造青花白瓷，但由于颜料挥发性强，纹饰品相不佳，颜色泛黑，大部分以失败告终。

在京畿道广州地区，最早烧造的白瓷，比软质白瓷略微细腻。本书第248页为白瓷象嵌牡丹纹瓶，瓶身施灰青色釉料，此类白瓷尽管胎质较硬，但如果以钴蓝绘制花纹图案，器表同样会变黑。象嵌白瓷也经常制成该瓶型。该瓶装饰纹样主要采用牡丹纹，此类纹样也曾用于粉青瓷的装饰中。15世纪，全罗道地区可能主要采用阴刻剥地技法在粉青瓷上刻绘牡丹纹，而忠清道地区则主要使用铁画技法。15世纪六七十年代，牡丹纹作为粉青瓷和白瓷的装饰纹样，被大量使用。白瓷象嵌牡丹纹瓶大多产于京畿道广州地区，鸡龙山地区和全罗道地区分别效仿，烧造铁画粉青瓷和阴刻粉青瓷。此器物略呈灰青色，底部长期埋于地下，经氧化变色。根据其氧化痕迹自然与否，可以判断文物的真伪。

本书第250页文物为白瓷象嵌牡丹纹扁球瓶，瓶身中央绘有牡丹花

白瓷象嵌牡丹纹扁球瓶，15世纪后期，瓶身直径24厘米，私人收藏。

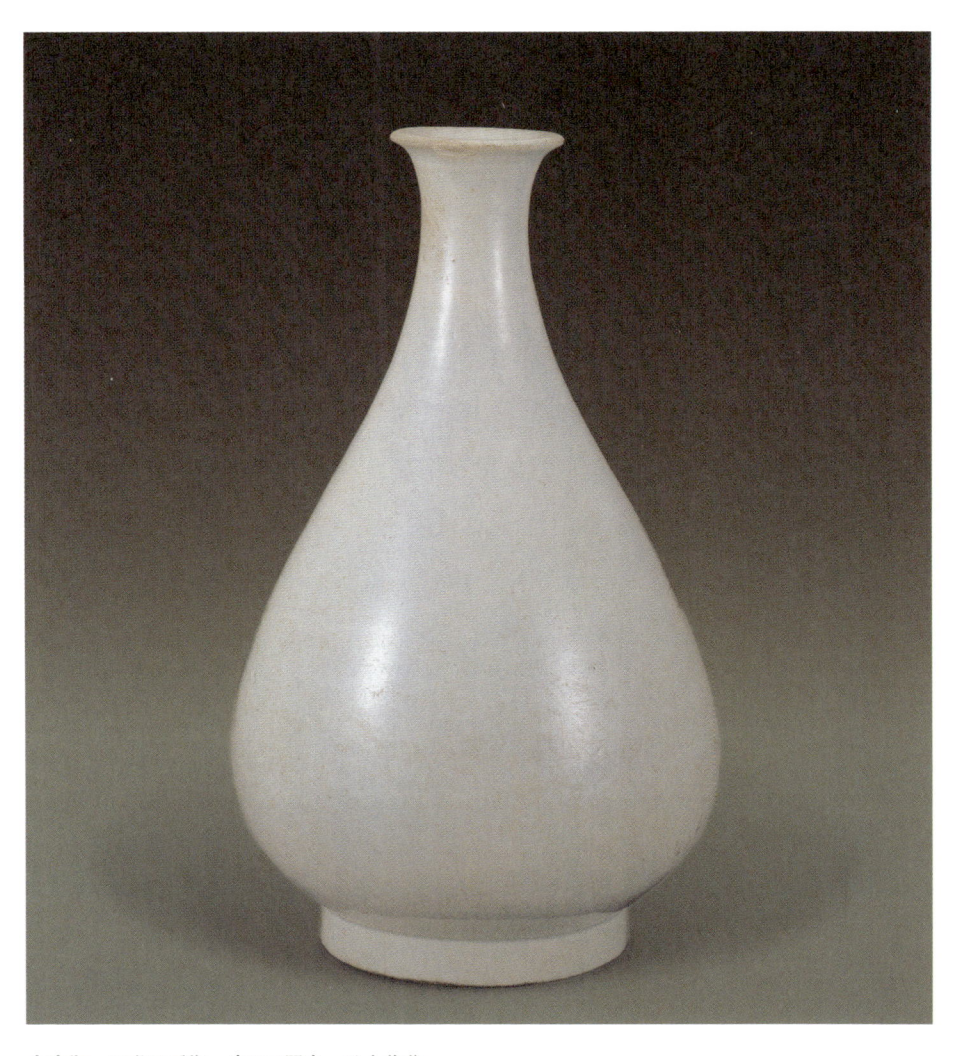

白瓷瓶， 15世纪后期，高36.2厘米，私人收藏。

此瓶腹部圆鼓、造型端庄。从明朝文献和朝鲜王朝文献来看，明代白瓷大多器壁较薄，而朝鲜白瓷则更为坚固。退溪（译者注：朝鲜王朝时期学者李滉的号）或栗谷（译者注：朝鲜王朝时期学者、政治家李珥的号）等朝鲜文人素来喜爱的白色布衣，与此瓶淡雅洁白的特色如出一辙。这一情结已深深融入朝鲜王朝初期白瓷之中，一直延续到16世纪中叶。

纹，周围牡丹叶片环绕。此类花纹图案当时也被大量用于粉青瓷鳖瓶、扁瓶或酒瓶。通过象嵌白瓷和粉青瓷图案相同这一特征我们可以发现，即便同一种花纹图案，不同地区刻绘技法略有不同。

🪷 分院官窑的设立

15世纪中叶，朝鲜王朝曾反复尝试独自烧造青花白瓷，却屡屡受挫，为此开始研究并学习明朝如何烧造优质青花白瓷。明朝在当时成立了皇家瓷厂，即官窑，该窑场一般使用皇室专供制瓷原料和柴火烧造瓷器，烧制后供皇室专用，其中一小部分用于朝廷对外国的赐赠，同时严禁民间使用。当时，官窑设立在景德镇地区。该窑场以景德镇附近高岭山出产的优质白土为原料，在全国各地选拔杰出制瓷工匠，由朝廷负责提供烧造瓷器所需的全部资金。

朝鲜王朝王室获悉明朝皇室瓷器的烧造流程后，开始套用明朝的方式。首先为官窑准备足够的白瓷原料，并下令官窑周围山林的树木只能用作柴火，以此为官窑的设立提供了体系保障。朝鲜王朝时期，司饔房主要负责御膳和宴请菜肴，需大量使用各种器具。1467年4月，世祖下令引进中国的官窑体制，设立官窑，并进一步扩充司饔房规模，改为司饔院，任命俸禄官吏——禄官，派往官窑。《世祖实录》中对朝鲜王朝设立官窑的全过程有详细记载。

官窑位置的选定是重中之重，要像中国的景德镇一样，既便于物资运输，又拥有便于烧造瓷器的自然环境。京畿道广州地区临近汉江水系，既方便向汉阳运送物资，又便于获取制瓷原料和柴火，因此最终选定京畿道

分院里（地名，司瓮院分院所在地）**前的庆安河与南汉江交汇处。**

分院里是船运的交通要道，官窑设立的最佳地点。

广州为官窑制瓷所，设立司瓮院分院（以下简称分院）。此外，还向官窑制瓷所分院派遣烧造官，令其监督白瓷生产。现如今，司瓮院分院小学运动场角落里矗立的烧造官善政碑上记载了当时分院的历届负责人。

当时，广州附近山林的树木只能用于分院烧造瓷器。官窑成立之前，全国各地制瓷所共同烧造王室专属瓷器。分院成立后，在新的官窑体制下，朝廷将全国的瓷匠登记入册，在籍的1140名工匠除冬季外，春、夏、秋三季轮流在分院工作。

工匠们每年有3个月在官窑烧造瓷器，剩余的9个月在原制瓷所工作。从瓷匠的角度来看，此制度具有一定的合理性。原本这些工匠要为官府服役，分院的劳作可以代替服役。每个季节，约有380名工匠在分院劳役。在分院，原料开采、柴火采伐、成型、烧火、施釉、鉴定成品、包装等各项工作全部细化，这种合理化的分工模式同样借鉴了明朝的经验。

实际上，朝鲜王朝广州分院运营大概10年后，周围10里范围内已没有烧造瓷器可用的柴火，不得不去更远的地方砍伐树木。在这种情况下，朝鲜王朝王室开始根据树木的生长情况周期性地迁移瓷窑。待分院周围的树木被伐尽后，下令在该地区重新植树，再将分院迁至其他地区。以10年为一个周期进行迁址，100年后，树木被伐尽的地区会再次郁郁葱葱，届时便可在京畿道广州重新设立分院。而分院迁址的经费则由京畿道支付。如今，在广州面、退村面、草月面、都尺面等附近6个面（译者注：行政区划中的自治市、郡或行政市的下辖行政区域）共发现了300多处窑址，充分证实分院周期性迁址这一事实。

朝鲜青花白瓷的诞生

《朝鲜王朝实录》记载，1464年，世祖在位时，康津地区开采出回回青，呈报王室。1469年，睿宗元年，陶瓷匠使用康津地区开采的回回青在白瓷上刻绘图案，其中一部分与青花白瓷颜色相近，于是进献者获封官职、布匹五十。

然而，15世纪70年代成宗在位期间，朝鲜王朝与明朝关系缓和，青花颜料供应稳定，再加上明成化年间，中国浙江地区发现国产青花颜料，青花颜料的供应规模进一步扩大。朝鲜王朝不再从中国高价购买青花白瓷，转为直接进口中国青花颜料，在京畿道广州分院自行烧造。

因此1469年以后，文献中再无朝鲜王朝国内开采回回青的记载，一方面可以理解为使用了进口青花颜料，另一方面也反映了朝鲜半岛地下青花颜料产量甚少。日本殖民地时期，曾进行大规模勘察，结果显示，朝鲜半岛钴蓝矿储量极其匮乏，地质中几乎不出产钴蓝矿。

1470—1480年，成宗在位期间是青花白瓷烧造的起步期。由于成色效果好的青料价格高于同等重量的黄金，汉阳图画署的画员甚至前往分院，

白瓷青花"弘治二年"铭松竹纹瓶，1489年，高48.7厘米，韩国东国大学博物馆收藏。

在烧造官的监督下绘制花纹图案。1486年《东国舆地胜览·广州牧》（译者注：地理书籍）中记载了画师在白瓷上绘制花纹的相关内容。

韩国东国大学博物馆馆藏的"弘治二年"铭松竹纹瓶恰好可以印证这一事实。据推测，此文物于15世纪后期绘制完成，将朝鲜王朝时期笔力强劲的文人画原封不动地印刻在白瓷之上。相传此文物原为插花瓷坛，放置在韩国全罗北道求礼郡华严寺觉皇殿佛坛上。20世纪60年代，因失窃惨遭损坏，此后一直收藏于韩国东国大学博物馆。通过此文物可以看出当时分院烧造青花白瓷的真实水平。

顶级青花颜料极为昂贵，只能用于烧造王室专属白瓷，而普通青花颜料则被用于烧造官府瓷器。当时朝鲜王朝的青花白瓷分为两种，上品青花白瓷青色凝重强烈，次品青花白瓷青中偏暗、施釉不匀。尽管进口青花颜料使用时顺畅平稳，但因价格昂贵，成品青花白瓷的数量依然十分有限。

因此朝鲜王朝初期，即15—16世纪时，京畿道广州市牛山里、道马里、樊川里地区瓷窑烧造出的青花白瓷专供王室使用。朝鲜半岛陶瓷史中多次出现的"道马里"，便是16世纪初期专为王室烧造青花白瓷的瓷窑。

明宣德青花缠枝莲纹罐，15世纪前半叶，高34.7厘米，日本大阪市立东洋陶瓷美术馆收藏。

青花白瓷莲唐草纹坛，15世纪后期，高28厘米，日本私人收藏。

　　本书第256页的文物是一件中国青花白瓷罐，肩部刻有"大明宣德年制"铭文，可见为15世纪前半叶烧造。器身上下两端施有莲瓣纹，中间整体绘有莲花唐草纹。世宗在位期间，明朝曾向朝鲜王朝赐赠多件此类瓷罐。当时，朝鲜王朝王室见到中国的青花白瓷后大为震撼。白瓷晶莹剔透，花纹图案采用阿拉伯进口的青花颜料绘制而成，如同秋日湛蓝的天空般美轮美奂。这一时期的青花颜料中含铁，釉色深浅不均，仿佛在白纸上施墨作画，墨水晕散开来。这正是当时中国白瓷所使用的进口青料自身所具有的显著特征。朝鲜王朝士大夫们十分崇尚这种青花白瓷，在朝鲜青花白瓷的烧造过程中原封不动地效仿了中国青花白瓷的器型、构图等。

　　上方这件青花白瓷莲唐草纹坛同中国青花白瓷类似。白瓷色泽更为优质，器身施绘变形中国式莲瓣纹，腹部为缠枝莲纹，莲瓣尖形。当时钴蓝匮乏，采用象嵌技法绘制而成。15世纪80年代以后，随着青花颜料的进口，青花白瓷上也出现此类纹饰。但此文物流入日本后，成为私人藏品，

第二部　第七章　钟情白瓷的朝鲜王朝　　257

白瓷青花长生纹八棱盘， 16世纪，高5.2厘米，私人收藏。

无法随意赏鉴。此文物器身整体施绘莲瓣纹和变形莲花纹，釉色深浅层次清晰，是15世纪七八十年代朝鲜王朝采用进口青花颜料烧造的代表性作品。

朝鲜王朝时期，人们在青花白瓷上施绘十长生纹样表达对福寿延年的渴望。十长生纹从16世纪延续到19世纪，一直被广泛使用。上方这件白瓷青花长生纹八棱盘釉色雪白，器型呈八棱花瓣状，原本从器物口沿的处理情况等因素推测为18世纪以后的作品，又因韩国道马里瓷窑中出土了相同器型的文物，从而证实了准确烧造时间为16世纪。此文物收藏价值极高，揭示了青花白瓷上长生纹的施绘始于朝鲜王朝初期。

16世纪上半叶，青花白瓷上下边饰的莲瓣纹消失，改为器身整体施绘梅、竹等花纹图案。本书第259页展示的文物为白瓷青花梅竹纹坛，器身绘有梅花和竹子，梅花含苞待放、垂涎欲滴。此类白瓷主要用于筵席，是

白瓷青花梅竹纹坛，16世纪前半叶，高35.6厘米，日本大阪市立东洋陶瓷美术馆收藏。

士大夫品格、身份的象征。这一时期的朝鲜青花白瓷摆脱了中国白瓷的影响，展现出其独有的魅力。

下图中的白瓷青花梅鸟纹瓶去掉了器身上下两端烦琐的边饰图案，只在器身中部装饰了简约图案。纹样图案复杂的青瓷作品能体现出画工的精致，画面的奢华，让人叹为观止，但长时间观赏，难免会觉得过于密集繁杂。此文物上绘有一只鸟儿坐在梅花枝头，淡雅娴静的梅花和展翅欲飞的鸟儿，一静一动，相互融合。器身留白之美是朝鲜王朝时期绘画风格的一大特征，器身背面简单绘有竹纹。此文物宽足鼓腹，釉色洁白通透，是一件难得的珍品。

白瓷青花梅鸟纹瓶，16世纪上半叶，高32.9厘米，第659号国宝，私人收藏。

优质的白瓷通常使用匣钵烧制,将瓷器置入圆形匣钵内,盖上盖子,不重要的瓷器置于其上烧制。匣钵由耐火土制成,可耐受1400℃高温,如同士兵的盔甲,在烧造过程中保护瓷器减少破坏和污损。匣钵的使用不仅可以防止烧造产生的废弃物附着,也可有效防止温度突变。用匣钵烧造而成的器皿被称为匣烧器物。由于当时王室专属白瓷必须采用匣烧工艺,因此京畿道广州窑址调查发掘过程中出土的匣钵充分证实了此瓷窑为王室瓷器烧造地。

古代时期,王室专属的上等白瓷一年只能烧造几百件。但实际上,除王室以外,官府同样需要大量白瓷。官府或一般士大夫们使用的瓷器被称为常沙器。15—16世纪的常沙器大多采用托珠叠烧,将胎土捏成球状,垫在器物之间。常沙器也被称为粗质白瓷,在白瓷A、B、C、D四个等级中,属于C、D等级。采用托珠叠烧法烧造后,底足或内底会留有4—5处托珠痕。这些痕迹是那一时期白瓷的主要特征,朝鲜前中期遗址出土的白瓷大多留有托珠痕。

1. 钵形匣钵。
2. 叠烧工艺烧造的常沙器。

第二部　第七章　钟情白瓷的朝鲜王朝　　261

第八章

独具朝鲜民族特色的白瓷

16—17世纪

第八章将向大家介绍16世纪后半叶至17世纪后半叶的朝鲜王朝文化，通过这一时期的文化，探索朝鲜白瓷的发展历程。为让读者更好地理解白瓷文化，首先让我们一起分析当时的时代背景。

壬辰倭乱后，朝鲜王朝社会的变化与发展

进入16世纪以后，朝鲜王朝更加重视儒学。朝鲜王朝当权者在儒家思想的武装下，以孔孟思想为指导，努力实现极具理想主义色彩的王道政治思想。那一时期，全国各地纷纷设立书院，用来作为传授儒学的教育机构。随着书院和乡约的不断创建和推行，以祭祀文化为中心的儒教社会正式形成，儒家所倡导的道德品质也逐步融入社会生活的方方面面。

退溪李滉、栗谷李珥，作为朝鲜王朝前期著名的儒学大家，不仅潜心钻研儒学，还积极探索将儒家思想运用于实践。换句话说，李滉和李珥提出的"理气一元论"和"理气二元论"等，源自朱子学从中国宋朝传入朝鲜王朝逐渐本土化这一过程，同时也在朝鲜王朝进一步发展了朱熹的思想主张，带来了朝鲜王朝学术领域的巨大进步。李滉和李珥对朱子学在世界范围内的传播与发展做出了巨大贡献，受到世人的广泛称颂。

儒家思想认为，清正廉洁是从政者最基本的道德品行。为此，儒学者们大力推崇清贫俭朴的生活方式。这种理念体现在朝鲜人喜爱棉布衣这一特征上。棉布衣于高丽末期传入朝鲜半岛，16世纪时开始普及。棉布衣洁白如雪，上浆后在阳光的照耀下透出淡淡蓝光，这与儒学者们所追求的清心素简完全契合，因此棉布衣在朝鲜王朝社会得到了广泛普及，逐渐成为

白瓷"玄"铭大钵, 16世纪上半叶,高11.8厘米,私人收藏。
士大夫们追求清廉正直的道德品行和纯洁的理想世界,白色与此高度契合。16世纪王室专属的白瓷气韵非凡,是士大夫精神的真实写照。此文物器口外敞,造型优雅,釉色洁白如雪。王室专属瓷碗大多底足内刻有"天、地、玄、黄"的铭文,此器物底面刻有"玄"字。

民族性的日常服饰。

朝鲜白瓷时期的到来得益于性理学传入后,儒家思想的道德观念扎根朝鲜王朝,积极倡导清廉简朴。在这样一个大背景下,朝鲜青花白瓷使用钴蓝绘制花纹图案,正是在瓷器上践行了孔子所谓的"绘事后素"(《论语·八佾》)。

当时的士大夫们不喜高贵华丽的服饰,终日身着朴素的白色棉布衣直至破旧,即便反复洗涤,也不厌其烦。这种生活方式不仅与儒家清廉朴素的道德观念高度一致,而且与性理学的思想理念一脉相承,即不要一味追求外在,只有领悟其深层含义,才能懂得洁白纯净之美。当时,这种思想风潮也体现在瓷器的造型和花纹图案之中。相比绚烂的花纹图案，白瓷固有釉色中显现的净白之美更受青睐。当然，16世纪烧造的瓷器不乏图案华丽的器物，但主要以白色为主色调。

仔细观察每件白瓷的色泽，我们便会发现，这些白瓷白得略有不同，有雪白、青白、乳白、灰白等。有趣的是，朝鲜王朝中期，灰白色调的白瓷大受欢迎。这虽然与当时的窑业发展状况有关，但也体现了朝鲜王朝中期的审美标准。

当时的朝鲜王朝社会，为使性理学成为社会指导思想，学术论辩逐渐显现政治色彩，思想对立愈发尖锐。从16世纪后期至17世纪，思想、理念出现巨大分歧，形成了老论、少论、南人、北人四色党派（译者注：朝鲜王朝活跃在政界的四大政治势力），斗争十分激烈。实际上，理论争鸣的

朝鲜青瓷坛，16世纪，高29厘米，私人收藏。朝鲜王朝时期除白瓷外，还使用其他瓷器。此青色瓷坛属于朝鲜青瓷，又叫白胎青釉瓷，盖钮呈莲蓬状，据推测为王室专用，白瓷胎土上施蓝色青釉。如果严格区分，更偏向于白瓷，而非青瓷。

最后终究是胜出一派成为社会文化的中心。但在这种社会氛围下，朝鲜白瓷却始终如一，维持单一色调。

1592年和1597年爆发的壬辰倭乱和丁酉再乱，成为从根本上改变朝鲜王朝社会的转折点。战乱引发了国内混乱的政局和尖锐的社会矛盾，为扭转这一局面，必须寻求更加积极有效的应对策略，然而保守的性理学派却一筹莫展。

1636年，丙子胡乱爆发，朝鲜仁祖（1623—1649年在位）逃往南汉山城避难，并向清朝投降，卑微和屈辱深深刺痛了当时的朝鲜人。儒家十分重视的尊严荡然无存，奉行性理学理念的朝鲜王朝士大夫们陷入精神恐慌。不得不屈服于清朝，这让朝鲜人内心充满苦闷与迷茫。丙子胡乱后，孝宗在位期间（1649—1659年），主导"反清复明，重尊返孟"运动，尊崇一代名将林庆业（1594—1646年）的北伐论（译者注：支持明朝，反对清朝以及捍卫朝鲜王朝）。但在强大的清朝面前，北伐论缺乏现实性，对于朝鲜王朝来说，当务之急是要认清现实，提出切实有效的思想对策。

尤庵宋时烈（1607—1689年），是西人党的首领。西人党人认为，性理学在中国已经消亡，需要在朝鲜王朝继承和发扬性理学的正统性。并且提出，朝鲜王朝是当时践行孔孟之道的唯一国家，因此必须进一步巩固性理学思想体系。受其影响，朝鲜王朝士大夫们逐渐趋于保守，大肆贬低清朝的夷狄文化，甚至宣布与清朝断绝外交关系。

🌸 地方特色白瓷及铁画白瓷的流行

随着儒学在朝鲜王朝的传入与发展，16—17世纪，象征清正廉洁的白色成为朝鲜王朝社会的色彩基调。前文中已经介绍，随着类似白瓷的粉青瓷逐渐消失，朝鲜王朝开始使用地方出产的瓷土烧造普通白瓷，虽不及王室专属白瓷的细腻和精美，但却在朝鲜王朝平民的日常中得到广泛普及。因此，16世纪后期烧造的白瓷由于各地区采用不同的釉料和胎土，烧造出各种不同品质的白瓷。但重要的一点是，16世纪后期，朝鲜王朝开始使用本土优质瓷土烧造白瓷。

庆尚道一带的河东、山清、昌原地区出产的白瓷壁薄体轻，属于软质白瓷。此类白瓷最初作为庆尚南道一带地区的朝鲜王朝平民日常生活容器

韩国升州后谷里白瓷窑址全景
20世纪80年代末期，升州后谷里窑被考古发掘。此窑建于17世纪，印证了朝鲜王朝时期白瓷已走进寻常百姓家这一事实。由于窑中出土了大量的叠烧白瓷，由此推断白瓷可能已经成为地方百姓日常生活器具。朝鲜王朝初期，白瓷曾一度作为士大夫的专属物品，这一时期，白瓷在朝鲜王朝平民阶层中被广泛普及，同时白瓷的需求量大幅增加。17世纪的瓷窑窑口胴体呈喇叭状，18世纪后开口面积进一步扩大，瓷窑形状也愈发松散。

第二部 第八章 独具朝鲜民族特色的白瓷　267

使用，后经附近地区的倭馆转运日本，运抵日本后，被用作茶盏，成为家喻户晓的井户茶碗。

　　16世纪的《朝鲜王朝实录》中记载，庆尚南道和全罗南道茶园面积广阔，所产茶叶贡纳王室，渐渐地，茶文化在普通百姓中也得到普及。朝鲜王朝时期，寺庙中依然保留着少许抹茶文化，仿照中国将茶磨成粉末。粉末茶适合盛在饭碗或碗形器皿中饮用。碗形器皿不仅用于盛茶，还用于盛放其他诸多物品，正因如此，碗形器皿成为16世纪时主要烧造的器型之一。这些碗形器皿后来被传至日本，用作茶盏，并确立了该器型在所有茶盏中的王者之位。

　　直至16世纪前半叶，日本人大多还是使用中国茶盏，主要以黑釉茶盏——建盏为主。黑釉属于结晶釉的范畴，在光线照射下会产生反射效应，如同夜空中的点点繁星，当时的日本茶人捧一只建盏、赏一宇星辰成为佳话。

黑釉木叶纹盏，12世纪（中国北宋时期），高7.5厘米，日本大阪市立东洋陶瓷美术馆收藏。

16世纪后半叶，素雅的朝鲜茶盏开始受到日本茶人青睐。当时，被誉为日本茶圣的千利休提出，只有回归自然，才能获得心灵的平静。随着这一理念在日本流行，朝鲜茶盏恰好契合当时日本人的审美，从而大受追捧。壬辰倭乱在历史上也被称为陶瓷战争，可见日本人对朝鲜陶瓷的喜爱。正是这一时期，庆尚南道地区广泛使用的朝鲜白瓷通过金海、蔚山地区的倭馆传到日本，成为井户茶碗，极受推崇。

壬辰倭乱结束以后，受新文化思潮的影响，陶瓷的造型及装饰风格等也出现了新的变化。首先，从16世纪后期开始，儒家思想成为朝鲜王朝的治国理念，社稷和宗庙的祭祀活动日益重要，祭器数量大幅增加。17世纪以后，开始流行使用陶瓷祭器，这一时期的白瓷大多釉色较深。

《己丑年进餐图屏》中的《明政殿外进餐图》（部分）
画面左侧的桌上放有青花白瓷花纹坛。

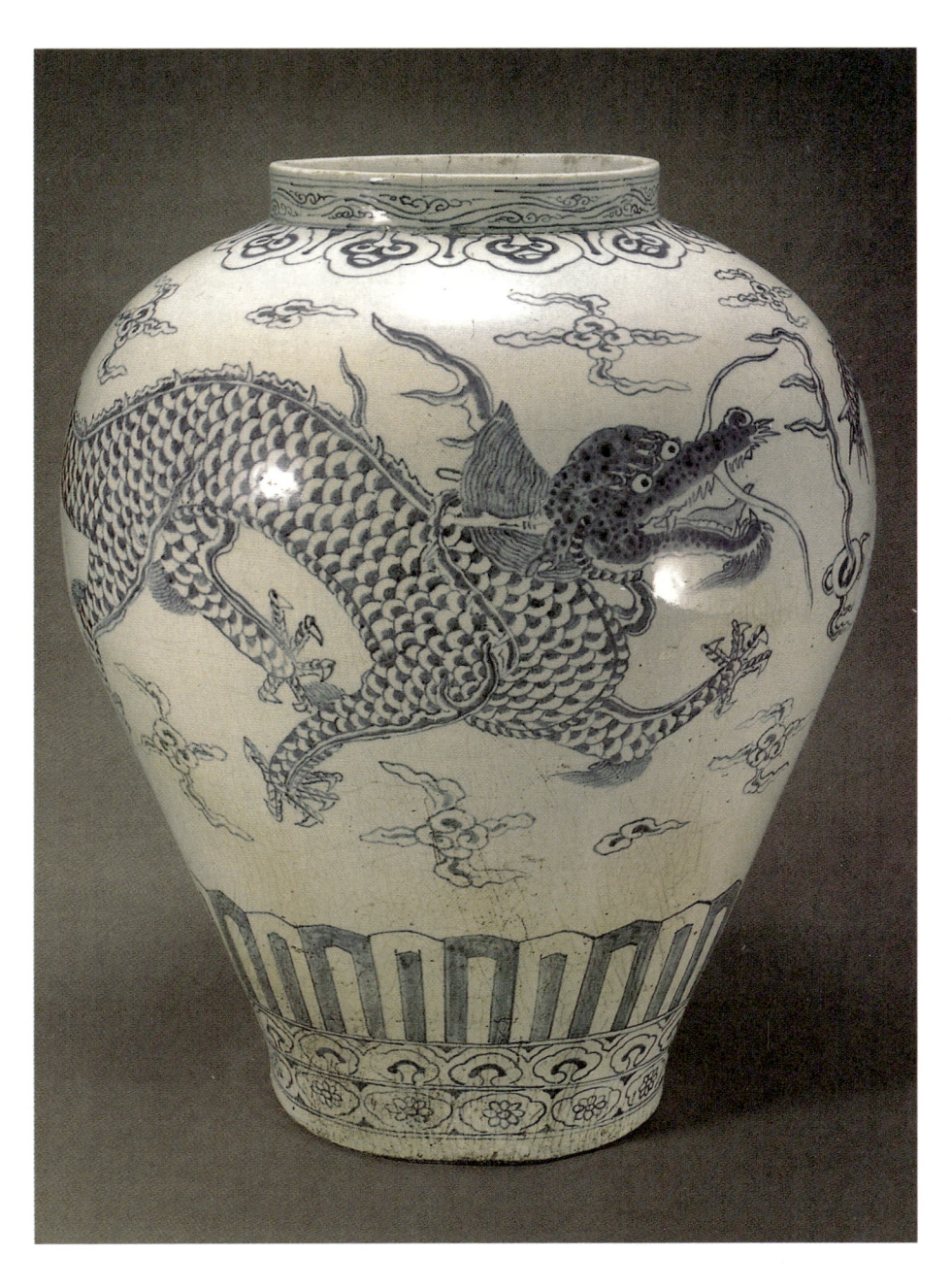

青花白瓷龙纹坛，18世纪后期，高52厘米，韩国国立中央博物馆收藏（许可编号：中博200708-341）。

高丽青瓷中梅瓶居多，而朝鲜白瓷中以瓷坛数量为最。17世纪以后，长筒形、银杏状椭圆形，各式各样器型的瓷坛不断涌现。18—19世纪，瓷器造型更加多样，甚至还出现了罕见的瓢形白瓷瓶。到了18世纪，开始在白瓷瓶上使用青花颜料施绘花纹加以装饰。在各种传统仪式中都可以看到青花白瓷的使用痕迹。16—17世纪的礼仪中，通常竹桌上大都放置青花白瓷花纹坛。

　　龙纹坛主要为王室专属器物，上方圆硕。本书第270页的青花白瓷坛坛口微微内敛，纹饰奢华。坛身下部绘有双层莲瓣纹，更增华丽之感，中央的一只巨龙形象逼真，活灵活现。相传宇宙是由气坛、水坛、土坛三坛组成，因此仪式上通常使用瓷坛盛酒。此类器型的瓷坛因为器身绘有龙纹，又叫龙尊，其特点是颈部较高，当时长颈坛数量居多。

　　16世纪以后，为更加有效地利用昂贵的青花颜料，图画署的画员们直接在白瓷上使用青花颜料施绘图案。因此，通过16世纪的青花白瓷可以了解到朝鲜王朝时期的画风。然而令人感到意外的是，在皇室举办的各种筵席中，龙尊常被用于插花，而非盛酒。

　　尽管朝鲜王室酷爱青花白瓷，但由于进口钴蓝受阻，不得不使用氧化铁来绘制花纹图案，从而诞生了大量的铁画白瓷。铁画白瓷中最常使用云中翔龙图案作为装饰。龙是王室的象征，其他地方一般严禁使用。但随着社会混乱加剧，一些地方士大夫们使用的瓷坛上也出现了简易的龙纹。

　　1996年，白瓷铁画龙纹坛在纽约拍卖，成交价格高达830万美元，相当于80多亿韩元，一举创下韩国陶瓷交易史上的最高成交纪录。这也从侧面印证了《小王子》中的名句："如果你对大人们说：'我看到一幢

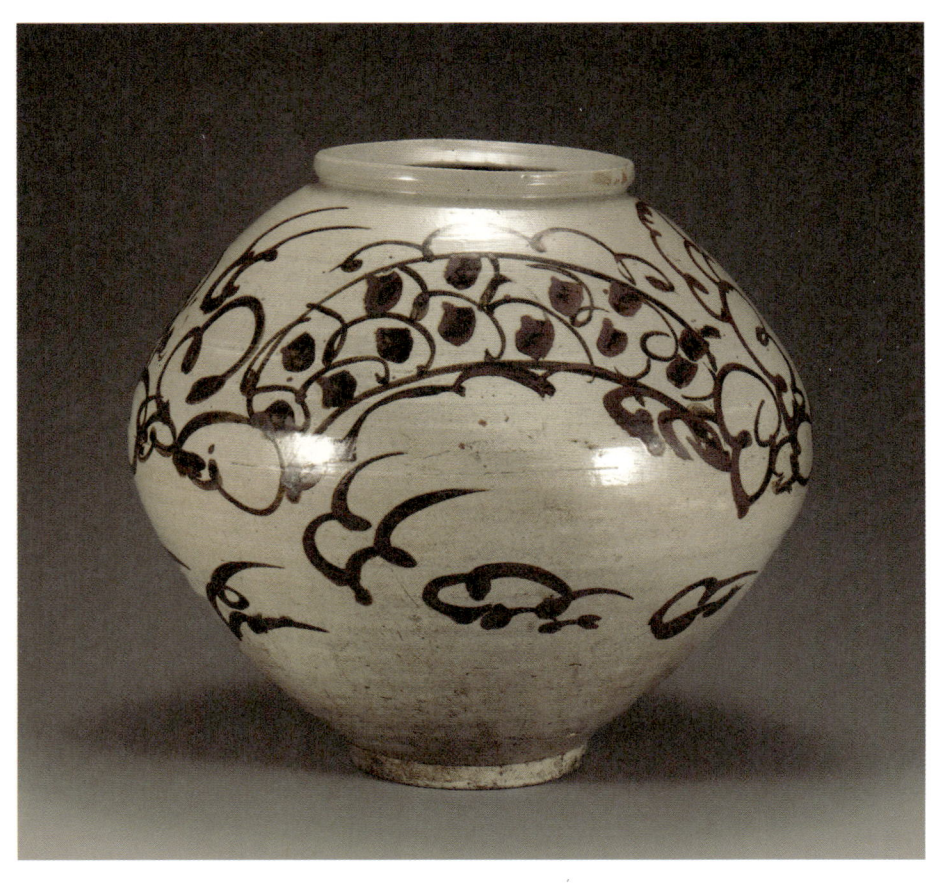

白瓷铁画龙纹坛，17世纪后期，高36.1厘米，韩国国立中央博物馆收藏（许可编号：中博200708-352）。

铁画白瓷制成的龙尊，通常龙纹造型夸张。此文物呈椭圆形，圆唇口，颈极短，给人以从容雅致之感，器身图案似龙非龙，属于17世纪后半叶出现的器型，与朝鲜王朝后期的满月形白瓷罐较为类似。龙纹夸张、极简，具有朝鲜王朝民画风格。或许对于朝鲜王朝的士大夫来说，刻绘象征王权的龙纹会心生畏惧，因此采用这种抽象又诙谐的方式加以装饰。

白瓷铁画竹纹坛，17世纪后期，高22.6厘米，日本大阪市立东洋陶瓷美术馆收藏。

器身绘有抽象草纹图案，17世纪烧造的瓷坛大多器身较长。自17世纪后期开始，白瓷上经常绘有不知名的野草，18世纪时，演变为各式各样的野花。此文物上的野草采用铁画颜料挥洒而成，笔尖下绽放的野花清新灵动，风中摇曳的竹枝仿佛小鸟的串串脚印。

1. 白瓷青花鱼纹扁瓶，16世纪后期，高24.5厘米，日本大阪市立东洋陶瓷美术馆收藏。
2. 白瓷青花葡萄纹盘，16世纪后期，高2厘米，日本私人收藏。

用玫瑰色的砖盖成的漂亮的房子，它的窗户上有天竺葵，屋顶上还有鸽子……'他们怎么也想象不出这种房子有多么好。你必须对他们说：'我看见了一幢价值十万法郎的房子。'那么他们就惊叫道：'多么漂亮的房子啊！'"我想这个例子可以帮助大家准确地了解17世纪朝鲜瓷坛的价值。

朝鲜王朝时期，工匠们经常使用各种野生花草作为白瓷的装饰图案，例如秋菊、兰花、芦苇、石竹花、竹子等植物花卉，既带有浓郁的文学色彩，又清新脱俗。17世纪后期朝鲜的自觉与自省，正是通过白瓷的纹饰图案极好地呈现在世人面前。

除白瓷外，朝鲜王朝时期的出土文物中，还发现了黑瓷。尽管瓷器生产主要以白瓷为主，但自古阴阳相生，这一时期也烧造了一定数量的黑釉瓷器。本书第276页图1中的黑釉瓷扁瓶仿照粉青瓷扁瓶，为便于四处携带，工匠将瓶身两侧压扁烧造。由于胎质粗糙，再加上使用了铁元素含量过高的釉料，因此显得色黑如漆。黑瓷较白瓷能够给人更强的视觉冲击。事实上，黑瓷数量极少，近年来的调查发掘证实，黑瓷产于15世纪末至16世纪全罗道高敞龙山里瓷窑。

一直到18世纪，瓷器烧造时仍然使用含有大量铁元素的釉料。18世纪时，还烧造了一些奇特的器型，如将瓷器外表面削平，做出折角，形成几个棱面，此类器型大多表面施黑褐色釉。在白瓷盛行的时期也不乏黑瓷和黑褐釉瓷器，可见朝鲜王朝社会在整齐划一中也包含一定的多样性。

19世纪时，还出现了一种叫作铁红（石间朱）坛的器物。可能是为了盛装蜂蜜或调料时，保护瓷坛不留污渍，因此施暗色釉。此类器物口部较大、腹部圆鼓，带有小盖轻落于器物之上。丰肩，肩部往下略向内收，呈多个棱面。黑色釉料沿着折角向下流淌，白色胎土自然呈现。

本书第274页图1的白瓷青花鱼纹扁瓶上绘有鲤鱼翻腾的图案，象征科举及第。画面格调高雅，可能出自图画署画员之手。瓶身扁圆，沉稳端庄，装饰图案采用青花颜料绘制而成，釉色略浅，与白色的基础底色完美契合，彰显了当时朝鲜王朝社会所推崇的清廉洁白的社会风气，是一件王室专属的高端瓷器作品。

本书第274页图2的瓷盘上绘有葡萄纹，是16世纪具有代表性的白瓷装饰图案。瓷盘中央施绘的葡萄好似出自申师任堂（译者注：朝鲜王朝时期著名女书画家）笔下，既令人垂涎，又显得优雅别致。青花呈色浓淡相宜，清新雅致。据推测被作为盏托使用，底色纯净，是一件上等佳作。葡萄在朝鲜王朝时期是一种稀缺水果，寓意多子多孙。13世纪时，葡萄纹曾

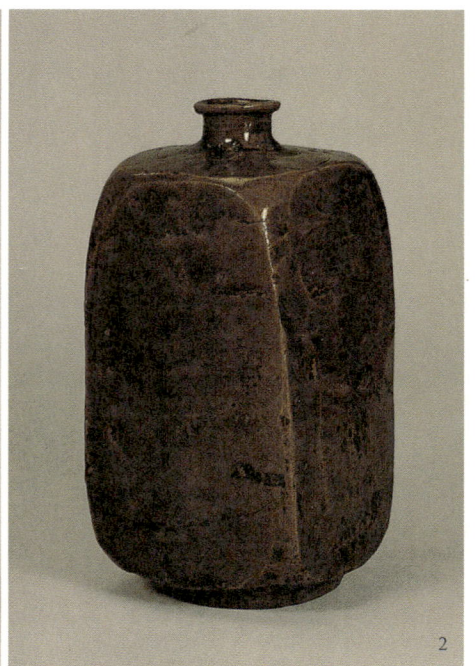

1. **黑釉瓷扁瓶**，15世纪后期，高22.8厘米，韩国鲜文大学博物馆收藏。
2. **铁釉角瓶**，18世纪后期，高26.6厘米，日本大阪市立东洋陶瓷美术馆收藏。
3. **铁红（石间朱）坛**，19世纪，高21.3厘米，韩国延世大学博物馆收藏。

被用于象嵌青瓷，后来一度消失，16世纪开始，又重新被用作白瓷装饰图案。

如本书第278页的文物是白瓷铁彩坛。该文物丰肩，鼓腹，黑白对比鲜明，下半部施黑釉，上半部施白釉。朝鲜王朝时期主要烧造端庄洁白的白瓷，但出于对美的不断追求，也诞生了不少颠覆性的佳作。

16世纪朝鲜王朝陶瓷最主要的变化是铁画白瓷的出现，使用氧化铁在白瓷上施绘花纹图案。本书第279页的白瓷铁画垂纽纹瓶便是这一时代趋势的最好呈现。铁画颜料勾画出的一条细带图案在束颈上缠绕后轻轻垂下，在末端卷成圆形，看上去好似在瓶口系了一根长绳，灵气十足，可能是借此表达酒瓶系绳、随身携带之意。

自16世纪后期开始，出现了象尊、牛尊等用于祭祀活动的酒器。带角的为牛尊，又名牺尊，大多身形巨大、下盘羸弱。眼部和口部用简单的点、线处理，器身图案采用铁画颜料勾勒。16世纪后期，此类祭器在全国的乡校中被广泛使用。尽管被用作仪式器皿，但却不过于庄重呆板，反而有一种俏皮可爱之感。

明器是供鬼神使用的器皿，用以陪葬。朝鲜王朝时期人们相信人死后会去阴间，因此烧造各种小型常用器物与死者一同下葬，祈求死者在另一个世界生活安宁。16—17世纪的坟墓中出土了很多的明器全品。

朝鲜王朝时期严禁殉葬，因此用陶瓷制作了大量的侍从俑和轿夫俑与死者一同下葬。

如本书第280页图2所示，坟墓主人可能正乘坐在中间的轿子中。有靠椅的竹轿也被称为蓝舆，朝鲜王朝时期只有正三品以上的官吏方可乘

白瓷铁彩坛，16世纪，高30.6厘米，日本大阪市立东洋陶瓷美术馆收藏。

白瓷铁画垂纽纹瓶，16世纪，高31.4厘米，第1060号宝物，韩国国立中央博物馆收藏（许可编号：中博 200708-352）。

第二部 第八章 独具朝鲜民族特色的白瓷

1. **白瓷铁画牺尊**，16世纪，高19.8厘米，韩国湖林博物馆收藏。
2. **白瓷铁彩人俑明器全品**，16世纪后期，高7.4—8.6厘米（人俑），韩国三星Leeum美术馆收藏。

坐，由此可以推测坟墓主人的身份。此外，轿子周围的人俑脚踏圆盘，好像国际象棋中的棋子。这种带底座的人俑便是16世纪朝鲜王朝明器的一大特征。

伊万里陶瓷的出口

壬辰倭乱和丁酉再乱时期，许多朝鲜王朝制瓷工匠被强行带到日本。日本人让这些朝鲜王朝工匠为他们烧造梦寐以求的茶盏。起初，以烧造陶器和粉青瓷为主，但随着德川幕府统治体系逐渐确立，性理学从朝鲜王朝传入日本后，其影响力不断扩大，日本人对朝鲜白瓷的青睐和占有欲也不断攀升。

在被带往日本的朝鲜王朝瓷匠中，李参平（？—1655年）最为家喻户晓。他出生于韩国忠清南道公州，有陶神之称。他在日本佐贺县有田的泉山地区发现了瓷土矿，并使用瓷土成功烧造出白瓷。这一年是1616年，日本诞生了第一件瓷器。从那时起，日本各地陆续烧造出高质量白瓷，标志着日本制瓷业进入了大发展的快车道。

17世纪时清朝建立，当时清朝内部政治混乱，制瓷业陷入低潮，瓷器向欧洲的出口戛然而止。从16世纪以后开始，中国瓷器被销往欧洲各国，风靡欧洲。然而，清朝建立后，实行"海禁"政策，禁止一切对外贸易。再加上，景德镇窑厂在三藩之乱中被大火吞噬，瓷器生产一度中断。为满足欧洲人对瓷器的需求，欧洲迫切需要开拓新的途径。而此时，日本制瓷业迅速崛起，成为欧洲新的瓷器来源国。

1. **色绘菊花纹坛**，伊万里，17世纪60—70年代（日本江户时期初期），日本东京国立博物馆收藏。
2. **磁胎洋彩瑞芝洋花蝉纹尊**，中国，1736—1795年，高38厘米，中国台北故宫博物院收藏。

  出口至欧洲的日本陶瓷大多产于九州有田地区，因其附近有一处著名港口——伊万里港，被称作"伊万里烧"。李参平重新书写了日本陶瓷的历史，日本人感念其功德，特设功德碑，尊其为陶神。李参平在日本发现白瓷原料，并成功烧造白瓷，为日本陶瓷文化带来了一次巨大的革新。他将日本从原本的陶瓷进口国转变为自主生产瓷器并展开对外贸易的出口国。在此过程中，九州地区与当时的中国交流频繁，建造了很多瓷窑。

  日本实现制瓷业发展的另一个原因，是中国景德镇彩瓷制作工艺的传入。在与西方交流的过程中，中国学会使用珐琅材料绘制图案。清代皇室自用瓷器的图案主要由西方传教士负责绘制。中国彩瓷上使用的珐琅相比普通金属颜料，表现力更强，纹饰图案更加细腻。日本充分借鉴吸收中国陶瓷的优点，迅速发展自身陶瓷文化。1650年以后，日本模仿中国彩瓷，烧造出华丽的色绘瓷。

1650年左右，当时的海上贸易强国——荷兰开始与日本进行接触，而这一时期，在朝鲜王朝瓷匠的帮助下，日本制瓷业也逐渐发展起来，瓷器成为生活必需品，在普通百姓中迅速得到普及。17世纪50年代，荷兰联合东印度公司开始向日本订购瓷器，伊万里瓷碗等日本陶瓷正式对外出口。荷兰联合东印度公司成立于1602年，在整个东亚地区开展贸易。东亚贸易初期开始，荷兰就十分关注瓷器贸易，大量进口中国瓷器销往欧洲，供欧洲各国上流社会使用。当时欧洲尚未掌握制瓷方法，釉色像珍珠般晶莹剔透的东方瓷器在欧洲市场上具有极大的商业价值。

17世纪50年代，中国正值明末清初，时局动荡，瓷器出口量严重下滑，为日本瓷器外销提供了良好的市场前景。1653年，日本首次从伊万里港出口陶瓷。1659年，荷兰商馆向日本订购56700件瓷器，有田地区形成了集瓷器订购、烧造、出口为一体的完整体系。大规模的外销为日本瓷器造型的多样化奠定了基础。

日本的陶瓷发展源于朝鲜王朝的制瓷技术，却开辟了一条截然不同的发展之路。尽管起步晚于朝鲜王朝，但却敏锐地察觉到瓷器的经济价值，并迅速实现了瓷器的商品化。这可以说是历史开的一个玩笑。1653年，荷兰人哈梅尔在前往日本途中，偶然漂流至韩国的济州岛，靠砍伐木材维持生计，后来终于逃脱。根据《哈梅尔游记》记载，朝鲜王朝也希望通过哈梅尔与荷兰达成海上贸易协定，但遗憾未果。而正是这一时期，日本开始向欧洲出口瓷器，直至18世纪50年代，前后大约100年的时间里，日本不断地积累了大量的财富。不仅日本瓷器成为欧洲时尚,还将浮世绘等艺术制品传入欧洲,在欧洲画家当中大肆流行,文化影响深远。

随着瓷器需求量的不断增加,日本瓷器出口数量从最初的几百件激增至数十万件,如今,欧洲各地现有日本瓷器200多万件。日本通过偷师中国瓷器花纹刻绘工艺,融合朝鲜王朝制瓷技术,发展瓷器贸易,积累了巨额财富。这为1867年日本实行明治维新改革,开启近代化进程,带来了极大的精神自信,同时也为日本崛起,成为经济强国,以及后来发展为帝国主义国家,起到了推波助澜的作用。

18世纪时,中国恢复瓷器出口,开始模仿日本瓷器纹样烧造彩瓷。随之,在欧洲市场上,日本瓷器的价值相对有所下降。在风起云涌的世界陶瓷交易市场,朝鲜王朝尽管拥有悠久的瓷器生产历史和文化,但却完全丧失了立足之地。随着国家层面奉行闭关锁国,士大夫们反对华丽纹饰,朝

《盛开的梅花》,文森特·凡·高,1887年,55厘米×46厘米,荷兰文森特·凡·高美术馆收藏。
17—18世纪,日本主义在欧洲风潮兴起。受日本浮世绘的影响,很多欧洲画家使用油画模仿日本的彩绘版画。有趣的是,凡·高等印象主义画家们大多通过彩瓷包装纸第一次接触到日本的彩绘版画。

鲜王朝好似井底之蛙，只沉浸在自己的世界之中。当然，凡事有其弊，必有其利，朝鲜王朝通过不断地自觉和自省，形成了这一时期独特的文化魅力，让朝鲜瓷器成为异彩绽放的文化艺术瑰宝。

16—17世纪的朝鲜王朝可谓内忧外患，在经历了一系列的战争创伤之后，开始专注国内，但从东亚历史的层面来看，正是那一时期，朝鲜王朝与世界前进的浪潮失之交臂。

第九章

朝鲜王朝后期的白瓷世界

18—19世纪

第九章主要介绍朝鲜王朝后期白瓷的发展脉络，重新系统梳理朝鲜白瓷的整体发展过程。如前文所述，壬辰倭乱和丁酉再乱以后，朝鲜王朝社会发生了巨大变化。为克服社会动荡，在寻求发展之路的过程中，朝鲜王朝社会中占统治地位的性理学遭到大胆的批判。朝鲜王朝摆脱了对中国文化的顶礼膜拜，17世纪后期，重新认识和挖掘朝鲜王朝文化的倾向在老论派势力中迅速蔓延开来，并逐渐发展为一门新的学问——实学。实学原指实用之学问，即对朝鲜半岛的地理、风俗、历史等进行研究。随着对瓷器认识的不断深入，小说和盘索里（译者注：朝鲜王朝说唱音乐）开始流行，真景山水画正式问世。这是朝鲜王朝在经历了壬辰倭乱和丁酉再乱的苦难之后，努力找寻自我的结晶。在这一大背景下，18世纪的朝鲜王朝文化终于如花绽放。

质朴、高雅的满月形白瓷罐

18世纪，在动荡的社会环境下，一种古朴、大气、厚重的不对称白瓷——满月形白瓷罐诞生了。当时，朝鲜王朝普遍使用白瓷，而中国主要烧造和使用彩瓷。以白瓷为底，使用珐琅颜料描绘图案，再次入炉经过700—800℃二次焙烧，烧制出三彩瓷器和五彩瓷器，这种彩瓷不仅纹样图案华丽，而且做工十分精巧。日本也于17世纪后期，以有田为中心烧造伊万里瓷和柿右卫门瓷等，并在当时社会上广泛流行。

东亚三国之中，唯独朝鲜瓷器选择了一条与众不同的发展之路。当时的朝鲜王朝排斥中国清朝的文化，渴望确立民族的自主独立性，伴随着这一文化思潮，质朴、简洁的白瓷受到青睐。日本很早就开始注重商业发展，向欧洲出口瓷器，积累了巨额财富。而这一时期的朝鲜瓷器相对于商业价值，更注重美学造诣，注重瓷器的独创性和内在美。

朝鲜王朝后期陶瓷的器型和纹饰，是18世纪朝鲜王朝社会面貌的真实投射。当时，在英祖（1724—1776年在位）的励精图治下，社会政治相对稳定。这一时期的白瓷主要施绘野花、野草等纹样，工匠将朝鲜半岛锦绣河山上绽放的美丽花草搬上白瓷，成为白瓷上常见的装饰图案，干净素雅的野花映射出士大夫们对祖国山川的热爱。这一时期的瓷器以司瓷院分院金沙里窑出产的雪白色白瓷为代表，展现了朝鲜王朝王室瓷器的极致高贵之美。

白瓷龙虎纹盘，日本江户时期中期，口径23.5厘米，日本爱知县陶瓷资料馆收藏。

金焕基（1913—1974年）先生（译者注：韩国抽象艺术家）认为，在20世纪40年代工业化萌芽的社会背景下，只有满月形白瓷罐依然保留着原汁原味的朝鲜民族传统美，因此他在自己的作品中努力向世人展示满月形白瓷罐的独特魅力。本书第289页的《罐子和花》是金焕基先生的代表作之一，根据白色圆体下的底座可以看出，作家描绘的是满月形白瓷罐，而非月亮。正因如此，每当我们看到画面中白瓷的熠熠光泽及器型的浑圆饱

《罐子和花》,金焕基,1949年,布面油画,40.5厘米×60厘米,韩国焕基美术馆收藏。

满时,都会不由得产生一种别样情愫萦绕心头。

在漫长的岁月里,满月形白瓷罐征服了无数的瓷器爱好者。器身中央的拼接痕迹及乳白如凝脂般的基础釉色,给人以温暖、柔和之感。罐口宽于底足,高41—47厘米,器型较大。最大特点是,罐口横截面呈椭圆形,通常采用唇口或洗口。满月形白瓷罐的球体无法一次成型,须由两个半球形的素坯拼接而成,因此形状无法完全对称。而这反而让满月形白瓷罐更具魅力,如同后山高悬的皎月,柔情却不失优雅,让人回味隽永。伴随着工业化进程,社会经济迅速发展,此时,找寻民族特色元素成为一种新的社会风潮并逐渐蔓延开来。在这一过程中,满月形白瓷罐备受瞩目,是朝鲜民族固有之美的集中体现。

尽管满月形白瓷罐的确切用途尚且不详,但据口传,在日本殖民朝鲜

满月形白瓷罐，18世纪上半叶，高44.5厘米，第1424号宝物，韩国三星Leeum美术馆收藏。

半岛时期，日本人搜刮朝鲜瓷坛时，看见朝鲜王朝两班人家谷囤子上放着满月形白瓷罐。此外，有的满月形白瓷罐表面渗出酱油污渍一类的斑点，因此推测可能部分用于盛放酱类。18世纪后期，满月形白瓷罐大多呈蓝色，器型趋于完美，整体尺寸不断缩小。19世纪时，该器型更为修长。

多彩的陶瓷文化

18世纪后期，朝鲜王朝与清朝的关系得到缓和，重新开始进口钴蓝矿石。这一时期朝鲜王朝工匠烧造出许多青花白瓷，施绘朝鲜王朝文人画作为装饰图案。不仅如此，英祖、正祖在位时，由于十分重视本国山川和本土文物，各种文化形式大放异彩，陶瓷的装饰图案、器皿种类、制作技法也纷繁多样。这一时期制作了大量的瓷质文房用品，陶瓷的使用范围正式扩大到生活领域。

在用氧化铜施绘纹饰的铜画白瓷中，有不少色彩简单、造型大气的佳作；而通过使用氧化铁施绘图案的白瓷，也可以感受到朝鲜王朝时期民画的诙谐艺术。

18世纪后半叶，朝鲜王朝与清朝的交流日趋密切，北学派积极吸收清朝文化，为朝鲜王朝文化的发展注入了新鲜的血液。不仅如此，实学派的学术思想和文化底蕴也是基于朝鲜王朝士大夫们对瓷器淳朴品质的认识，不断形成和发展起来的。

通过朝鲜王朝制瓷史可以发现，朝鲜王朝后期，社会的现代化主要体现在按照平民喜好和现实生活需要烧造陶瓷。这一时期，一方面中人（译者注：朝鲜王朝两班阶层和平民阶层之间的"专业技术者"阶层，主要包括庶出的文人、画员、乐师、译官、医员等）和富农拥有了一定的经济实力后，社会地位不断提高，成为新的文化享受群体；另一方面，两班（译者注：朝鲜王朝贵族）数量急剧增多，士大夫们对生活用品的需求不断增加。燕庵朴趾源（译者注：朝鲜王朝时期思想家、文学家）（1737—1805年）在《两班传》中描述，从18世纪后半叶至19世纪，越来越多的人开始冒充两班。在这一社会背景下，士大夫必备的笔筒、砚滴等文房用品大量出现。

随着两班人数的增加，祭器的订购数量也逐渐增多。与以往的铜制祭器相比，白瓷祭器价格便宜，易于管理，需求量激增。

这一时期广泛流行十长生纹饰，出现了许多象征长寿、幸福的花纹图案，可见当时人们对于延绵益寿和富贵荣华的渴望。此外，高丽时期施绘的祥云纹、龙纹、凤纹、鹤纹也被重新启用，朝鲜王朝前期流行的《潇湘八景图》也是使用频率较高的纹饰素材。

不仅如此，陶瓷器型也发生了一定的变化。随着陶瓷走进寻常百姓家，产生了多种适用于日常生活的瓷器造型。尽管19世纪时朝鲜王朝文化趋于保守，近代现实主义精神衰落，但从目前出土的陶瓷种类和装饰图案可以看出，朝鲜王朝文化仍朝着异彩纷呈的方向发展。这并非社会发展趋势使然，根本原因在于，随着陶瓷文化在朝鲜王朝的不断深入，陶瓷在朝鲜人的日常生活中逐渐占据了一席之地，成为不可或缺的器物。

朝鲜王朝后期的白瓷大多清秀淡雅，酒瓶中，偶尔可见将瓶体塑成八棱形、扇棱分明的八棱瓶。装饰图案主要使用竹子或石竹花，大面积留白，构图简单。这一时期诞生了诸多简约、雅致的佳作，被称为"金沙里时期"和"古典白瓷时期"。釉色呈乳白色或雪白色。

下图文物是一口瓷坛,装饰图案简单,画面干净利落。坛身下部的线条表示地面,上面画了几朵淡雅的野花。18世纪时,主要流行施绘花草纹装饰白瓷,白瓷上精雕细刻的花草图案简洁素雅,与中国和日本的陶瓷风格迥然不同,给人以简约唯美之感。花草纹坛大多产于18世纪上半叶京畿道广州的金沙里窑,相比其他白瓷价格更为昂贵。金沙里白瓷被誉为清雅白瓷的代名词,在白瓷之中最具古典美。

这一时期的瓷坛上通常带有"寿"字纹,或者"万寿无疆""寿福"等字迹。施这类纹饰的瓷坛主要用于筵席等场合,再搭配七宝纹,更加突出吉祥之意。18世纪后期白瓷的另一大特征是施绘寓意长生和富贵的鹿纹,瓷器上一对梅花鹿头顶祥云,分吃长生草。

这一时期的酒瓶大多为长颈瓶,但从实用的角度来说,酒瓶颈部过长,不便于斟倒。本书第294页的青花白瓷器身中央绘有一株硕大的蜡

青花白瓷花草纹壶,18世纪前期,高28.7厘米,日本大阪市立东洋陶瓷美术馆收藏。

第二部　第九章　朝鲜王朝后期的白瓷世界　293

青花白瓷诗铭梅纹瓶，18世纪，高36.2厘米，日本大阪市立东洋陶瓷美术馆收藏。

梅，旁边写有一首诗，仿佛是酒瓶主人的内心独白，寄托了主人不愿屈于俗世，渴望如同严寒中盛放的蜡梅，追求高雅生活的真切愿望。18世纪后半叶，酒瓶上经常出现诗句，或许也是想借此表现儒生饮酒赋诗的绝世风雅。不仅如此，这一时期还烧造了大量的葫芦状酒瓶。

这一时期，龙纹一直被作为装饰纹样使用。尽管此前也曾施绘龙纹，但数量不多，流传下来的文物也较为稀少，而18世纪后期烧造的龙纹白瓷很多被保留下来。从16世纪开始至18世纪，龙纹中描绘的龙，头部尺寸逐渐变大。朝鲜王朝初期，白瓷上施绘三爪或四爪龙，朝鲜王朝后期时增至五爪。当时，东亚三国均将龙作为君王的象征。根据中国古代皇帝对周边国家的限制，日本只能供奉三爪龙，朝鲜供奉四爪龙，中国则供奉五爪龙。清朝建立以后，这种规定逐渐被取消，朝鲜也开始使用五爪龙，王族成员和王子分别使用四爪龙和三爪龙。

本书第296页瓷壶上的云中翔龙，凌厉劲酷、动感十足。似乎为展示龙腾水跃的画面，壶身下部施绘水草纹，颈、肩相接处绘有如意头纹。英祖在位时，这种瓷器造型较为普遍，据推测主要用于在宫中筵席上盛装御酒。

此外，18世纪后期，一些民画中的元素也被用于装饰青花白瓷。本书第295页的瓷壶器身绘有一棵松树，树枝上立着一只喜鹊，树下一只大虎正虎视眈眈地回首望着喜鹊。这只愤怒的大虎象征贪官污吏，喜鹊代表无辜百姓。这一画面来源于朝鲜王朝时期的一个民间童话故事。一个寒冷的冬日，喜鹊对饥饿的老虎说："在结冰的河面上挖一个洞，然后把自己的尾巴放进去充当鱼饵，就能钓上大鲫鱼。"于是，老虎信以为真，把尾巴放入结冰的河水中，结果不仅没钓上鱼，反而尾巴被冻在冰水里，狼狈不

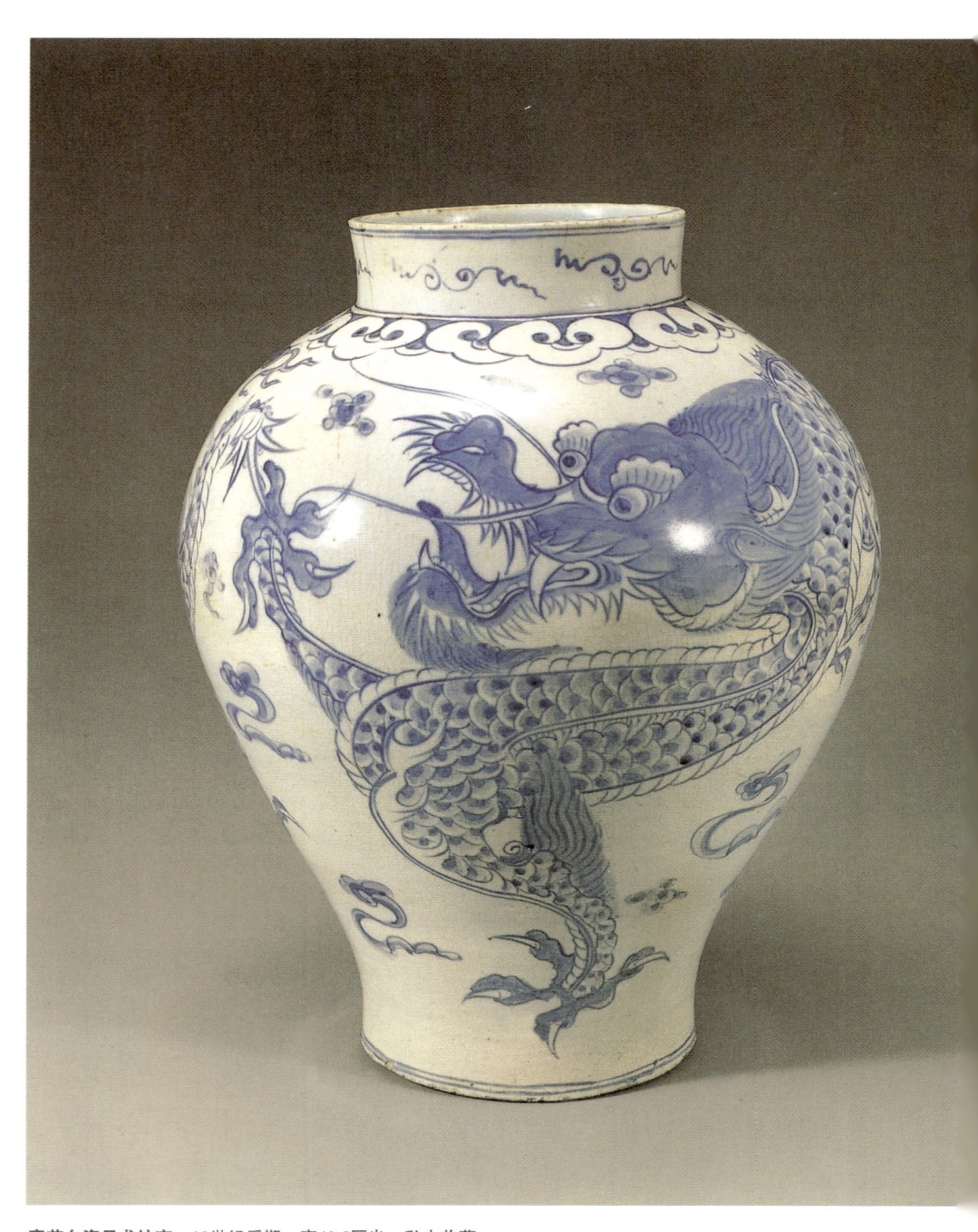

青花白瓷云龙纹壶，18世纪后期，高43.5厘米，私人收藏。

堪。通过此文物可以确定,民间童话故事《用尾巴钓鱼的老虎》早在18世纪后期便已家喻户晓。

这一时期,还出现了一种造型独特的糕槌瓶,因器型酷似糕槌而得名,主要用作花瓶。糕槌瓶是18世纪后期出现的独特器型之一,本书第298页的糕槌瓶器身绘《潇湘八景图·洞庭秋月》,展现了洞庭湖的全景。通过此糕槌瓶可以证实,18世纪后期,经常被用作绘画素材的潇湘八景也被作为纹饰图案,用于装饰瓷器。此文物采用色泽鲜明的钴蓝颜料,笔触细腻活泼,是白瓷中的一件佳品。朝鲜王朝画家金弘道的画作中经常采用这一素材,因此有学者推测这幅画出自金弘道之手。

白瓷铜画松鹰人物纹棱瓶是一件绘有褐红色图案的白瓷。用含氧化铜

白瓷青花松下虎雀纹壶,18世纪后期,高42厘米,韩国国立中央博物馆收藏(许可编号:中博200708-341)。

白瓷青花洞庭秋月纹瓶, 18世纪后期,高32.5厘米,韩国三星Leeum美术馆收藏。

白瓷铜画松鹰人物纹棱瓶，18世纪后期，高27厘米，日本私人收藏。

的色料在白瓷生胚上绘制图案花纹，烧造后呈褐红色。由于氧化铜的红色与辰砂颜料色泽相似，因此被称为"辰砂技法"，但这一术语缺乏科学依据。事实上，用辰砂在陶瓷上绘制图案并不呈红色。

随着烧造温度的变化，氧化铜会有不同程度的挥发，瓷器上的图案部分消失，部分出现晕染效果。因此以含氧化铜的色料绘制图案，有一种自由奔放之感。器身上，一只雄鹰伫立在树下的岩石上，昂首凝视前方。画面中线条的晕染风格与宣纸上墨汁的晕染效果十分相似，仿佛一幅禅画。此文物是朝鲜王朝后期白瓷独创风格的代表性珍品。

19世纪时，瓷瓶的器型和风格又一次出现了新的变化，腹下部逐渐丰满，图案中的松树愈发粗壮，长生草也越来越大。而且有的装饰图案中，松、竹、梅、长生草等多种纹饰同时出现。总体来说，相对于18世纪，19世纪的瓷器纹饰更加多样。

本书第300页这件白瓷青花寿字六棱瓶，腹下部丰满，通体呈六面，下承底足，独具个性。在长颈和器身上以深色青花颜料绘制图案，纹饰与

白瓷青花寿字六棱瓶，19世纪，高24.1厘米，韩国湖林博物馆收藏。

白瓷青花佛手纹托盘，19世纪前半叶，高4.7厘米，日本大阪市立东洋陶瓷美术馆收藏。

留白比例恰到好处，极具均衡之美。

  朝鲜王朝陶瓷丰富多彩的设计式样以及博大精深的题材内涵，完全超乎想象。就连筵席上盛放打糕的托盘，都采用青花白瓷制作而成。这件白瓷青花佛手纹托盘，使用青花颜料施绘果实形状，如佛祖之手的佛手果，其精致华丽程度与祭祀用器完全不同，主要用于筵席。托盘下方泥珠状为足，尽显华丽。

  朝鲜王朝后期，白瓷的图案素材和器型等方面逐渐趋于规范化。这一时期也出现了全新的器物，其中极具代表性的便是墓志盒。两次战争之后，祖先坟墓遭到毁坏，为了便于在碑石损毁的情况下确认死者身份，将记录生平事迹的志石一同埋葬。这对于崇尚孝道的朝鲜王朝社会来说，极为重要。

白瓷墓志盒，1710年，高23厘米，韩国海刚陶瓷美术馆收藏。

18世纪时，出现了大量与儒生生活密切相关的文房墨宝，如砚滴等。其中，桃形砚滴自16世纪开始，一直存续。传说仙桃三千年才成熟，含有福寿延绵之意。

19世纪时，各种形态的白瓷砚滴不断涌现。有器身曲线优美、桃尖

各式白瓷砚滴，19世纪，高10.5厘米（桃形砚滴），韩国国立中央博物馆藏（许可编号：中博200708-341）。

部位以颜料点缀的桃形砚滴，还有獬豸砚滴和蟾蜍砚滴。蟾蜍行动缓慢沉稳，但当时的儒生们都会把蟾蜍砚滴常伴左右，因为他们认为这种缓慢是对待任何事物都游刃有余的体现，希望能够从蟾蜍身上学到这种不浮不躁的品质。据笔者曾眼所见，崔淳雨先生在世时，家中偶进一只蟾蜍，先生为其投食，寒冬时节在缸里装入沙土，为其筑窝过冬，近距离感受和学习蟾蜍的老成稳重、处事不惊。也许正因如此，崔淳雨先生的从容与淡定一直被世人称道。除此之外，还有两只仙鹤在方形砚滴上相对而舞的造型。

　　截至目前，韩国国内流传下来的各式砚滴共1000余件，每件造型独具匠心、洒脱自然，从中可以看出19世纪朝鲜王朝文化的多样特性及人文魅力。由于这一特征，再加上数量稀少，朝鲜王朝后期的砚滴具有极高的收藏价值。

　　朝鲜王朝后期，瓷器文化主要以文房用品为中心大放异彩。下图中的

白瓷透雕连环纹笔筒， 19世纪前半叶，高13.1厘米，私人收藏。

白瓷透雕连环纹笔筒由无数个小环连接而成，造型优雅。此文物融合了当时分院白瓷的特点，器身上的透雕小环与器物整体比例适中、格调雅致，好像一件白玉，充分反映了白瓷本来的制作意图。朝鲜王朝儒生所追求的淡雅中不失高贵、简约中不失华丽，为19世纪朝鲜王朝文化的形成与发展孕育了累累硕果。

分院的建立与衰落

朝鲜王朝时期设立的瓷器制作正式机关——分院官窑，是朝鲜王朝后期最重要的制瓷所。为长期稳定地进行陶瓷生产，克服此前每十年因柴火不足必须迁址的困境，18世纪中期时，朝鲜王朝将分院官窑迁址到京畿道广州分院里，这里水运枢纽，交通便利，是当时理想的制瓷地点，常驻工匠多达552人。在分院官窑，陶瓷生产有严格的分工，按照器种分类制作，形成了画匠担任纹饰、技艺熟练工匠负责烧造的工作体系，生产效率大大提高。据说，当时官窑制作的瓷器，经过严格筛选，100个中仅选排名前10的瓷器贡纳皇室。即使今天，在超过1300℃的高温下烧造高质量瓷器也绝非易事。那一时期，还诞生了一种新的职业——鉴别瓷器成品质量的破器匠。

满月形白瓷罐从整体上看，器型呈现强烈的不对称性，略向一侧倾斜。有些人误认为这是残次品。其实，这些文物在当时均顺利通过了破器匠的检验，才得以流传至今。以当时的技术，工匠很难直接制作出50厘米高的瓷罐，因此先制作上下两个半球形素坯，然后将其拼接烧造而成。在烧制过程中，上下两部分会收缩20%左右，因黏合部分的厚度和重量不同，器体还会产生一定程度的扭曲。很多人错误地认为，朝鲜王朝时期喜欢扭曲造型，于是尝试仿制满月形白瓷罐，但两百多年前独具一格的超然之美终究无法再现。

18世纪时，主要采用杨口地区的瓷土制作白瓷。这一地区的瓷土多为乳白色或雪白色。19世纪时，主要使用韩国海州凤山和广州地区出产的青白色瓷土。这一点也进一步印证，各地瓷土成分的不同，白色瓷胎的色调也略有不同。

1876年，朝鲜与日本签订了《江华条约》。从那以后，在日本工厂中批量生产的工业化瓷器以低廉的价格涌入朝鲜。19世纪80年代以后，朝鲜王朝王室在外国势力的逼迫下，开始使用进口瓷器。从此，分院也自然而然地消失了。日本殖民主义统治加速了朝鲜王朝瓷器产业的衰落，这一时期，倭沙器得到普及，朝鲜白瓷逐渐消失在历史长河中。

日本殖民统治时期，民族文化遭到了严重的摧毁和抹杀，光复后，又转而盲目追从和向往西式文化、美国文化。此后，美国的不锈钢制品作为救助物资，涌入韩国市场，铝锅在韩国国内得到广泛使用，塑料制品取代了传统瓷器在韩国人生活中的重要位置。在20世纪世界政治格局动荡的大背景下，包括韩国在内的许多亚洲国家逐渐失去了对本民族文化的认同感。

1965年以后，韩国的制瓷业迎来了大发展的新时期。在距首尔不远的京畿道一带的利川和骊州地区，主要制作青瓷和白瓷出口日本。然而在韩国，陶瓷早已不用作韩国人的生活必需品，现如今，只有土陶石锅依然还出现在普通家庭的饭桌上。

纵观朝鲜王朝制瓷史，笔者反复强调，陶瓷不仅仅是文化，是历史，更是生活。大家餐桌上都使用一些什么器皿呢？让我们以陶瓷代替千篇一律的大众化器皿，去体验生活的韵味。相信，当回想起千余年璀璨的朝鲜半岛陶瓷文化之时，一定会因美妙绝伦的高丽青瓷和朝鲜白瓷而心生自豪。

  如果我们在生活中不珍爱陶瓷，那么灿烂而悠久的陶瓷文化必将与我们渐行渐远。朝鲜王朝经历过两次战乱以后，社会意识进一步成熟，政治尚且稳定，开始对本国文化进行更深层次的思考与探究。然而，韩国周围常见的陶瓷与日本、西欧的陶瓷十分相似，缺乏根源性和正宗性。其根本原因在于对陶瓷文化的否定和不了解。近年来，韩国各界都在努力提高国民对本民族文化的认同感和自信心，这一举措值得提倡。我坚信在韩国全国上下的努力之下，21世纪韩国文化一定会取得新的辉煌。

参考文献

[1] 姜敬淑.《粉青瓷研究》[M].一志社,1986.

[2] 姜敬淑.《韩国陶瓷窑址研究》[M].时空社,2000.

[3] 姜敬淑.《韩国陶瓷史》[M].一志社,1989.

[4] 姜敬淑.《韩国陶瓷史研究》[M].时空社,2000.

[5] 高裕燮.《高丽青瓷》[M].三星美术文化财团,1977.

[6] 高裕燮.《我们的美术和工艺》[M].悦话堂,1977.

[7] 金荣珍.《陶瓷窑发掘报告》[M].白山资料院,2003.

[8] 金元龙.《新罗土器》[M].悦话堂,1985.

[9] 金元龙.《新罗土器研究》[M].一志社,1986.

[10] 金渭显.《高丽时期对外关系研究》[M].景仁出版社,2003.

[11] 金仁哲.《高丽坟墓挖掘研究》[M].白山资料院,2003.

[12] 龙仁市、龙仁文化院、龙仁市史编撰委员会.《高丽时期的龙仁》[M].学研文化社,1998.

[13] 尹龙二.《美丽的韩国陶器》[M].学古斋,1996.

[14] 尹龙二.《韩国陶瓷史研究》[M].文艺出版社,1993.

[15] 郑良谟.《韩国的陶瓷》[M].文艺出版社,1991.

[16] 秦弘燮.《青瓷和白瓷 2》[M].世宗大王纪念事业会,1978.

[17] 崔淳雨.《韩国美术全集(9)高丽陶瓷》[M].同和出版公社,1975.

[18] 崔淳雨.《兮谷崔淳雨全集 1-5 卷》[M].通文馆,1992.